和
孩子
聊书吧

让孩子
爱上阅读

/

蒋军晶 著

中国人民大学出版社
· 北京 ·

图书在版编目（CIP）数据

和孩子聊书吧：让孩子爱上阅读 / 蒋军晶著. —北京：中国人民大学出版社，2019.4
ISBN 978－7－300－26835－4

Ⅰ.①和… Ⅱ.①蒋… Ⅲ.①阅读课—教学研究—小学 Ⅳ.①G623.232

中国版本图书馆 CIP 数据核字（2019）第 051838 号

和孩子聊书吧——让孩子爱上阅读
蒋军晶 著
He Haizi Liao Shu Ba —— Rang Haizi Ai Shang Yuedu

出版发行	中国人民大学出版社		
社　　址	北京中关村大街31号	**邮政编码**	100080
电　　话	010－62511242（总编室）		010－62511770（质管部）
	010－82501766（邮购部）		010－62514148（门市部）
	010－62515195（发行公司）		010－62515275（盗版举报）
网　　址	http://www.crup.com.cn		
经　　销	新华书店		
印　　刷	北京华宇信诺印刷有限公司		
开　　本	720 mm × 1000 mm　1/16	**版　　次**	2019 年 4 月第 1 版
印　　张	13.25　插页1	**印　　次**	2023 年 9 月第 12 次印刷
字　　数	200 000	**定　　价**	49.80 元

目 CONTENTS 录

第二章 一次完整聊书的大概样子

第三章 让孩子聊起来，是一门技术活儿

第四章 聊书与阅读策略

第五章 不同的书，不同的聊法

代序 · 我的聊书旅程

我们常和朋友聊天，聊家常，聊近况，聊时事，聊人生……然而，书，需要“聊”吗？可以“聊”吗？“聊”真的可以作为一种教学方式吗？

和“聊书”结缘，是偶然的，也是必然的。

2003 年，一个偶然的机会，我认识了王林博士 —— 一个研究儿童文学的博士。是他让我从日复一日钻研教材、月复一月学习教法的埋头认真里抬了一下头，看到了一个非常迷人的世界 —— 童书世界。并且从他的口中，我了解到，在国外，在中国台湾，有很多小学语文教师在课堂上讨论整本书。惊喜、好奇、激动、不可思议……难以描述当时的感受。总之，我心里开始想：“我会不会有一天也在课堂上和孩子们讨论整本书？”

2006 年，我得到一本书 ——《说来听听：儿童、阅读与讨论》。“说来听听”，特别口语化的四个字！我们一直在课堂上追问孩子们“为什么”“为什么”“为什么”，如果设身处地地站在孩子们的角度体会，我们就会觉得这种追问会给人一种紧张感，甚至胁迫感。孩子们不敢轻易发言，因为他们会觉得老师正在迫切地等待一个正确答案。而“说来听听”，话语本身营造的是一种轻松、随意的氛围，让人感觉老师很在意、很尊重他们的意见，就像我们平时聊天。

同年，我又得到一本书 ——《童书三百聊书手册》。这本书让我喜出望外 ——“聊书”，我的一种教学假想，原来别人早就开始尝试了。书中大量的案例证明：通过聊书，孩子们可以了解朋友们不同的观点，发现彼此共同的兴趣，更能厘清自己的想法，提升自己的思考力，还能增加阅读的乐趣。

我想，我不能再没有行动了。我开始和孩子们聊书。

第一次聊的是《草房子》

我和孩子们聊的第一本书，是曹文轩的《草房子》—— 让人哭笑不得的《草房子》。

其实，2005 年，已经有个别老师尝试开展班级读书会，但形式还比较呆板，“小组汇报”型的比较多：老师安排一个主持人一本正经地串联，每个小组汇报次序分明，上台下台井然有序，不允许随便讲话，俨然是一台演出。或者，老师索性从整本书里抽出一段话，问哪，读哇，写呀……忙了半天后发现和教课文没什么两样。

这可不是我想要的聊书的感觉。既然是聊，老师和孩子、孩子和孩子，就要有互动，就要有对话，就要有观点的相互补充和碰撞。也就是要让班内不同层次的孩子说起来，只要孩子说了，他就有一种成就感，觉得自己是这本书的主人，是他自己在看这本书。新手上路，我把目标定位为想方设法让孩子们“有话想说，有话敢说”。在无可借鉴的情况下，我在聊的形式上动了一些心思。

这次聊书，我把孩子们分成了四组，分别代表《草房子》中的四个主要人物 —— 桑桑、杜小康、秃鹤、细马，然后宣布要从四个人中选出“最少年”—— 最调皮的少年、最英俊的少年、最幸福的少年。我发现这次聊书，孩子们聊得很开心，都兴致勃勃地说，都争先恐后地说，都拼命回忆、寻找书中的种种事例、细节来证明自己所代表的桑桑、杜小康、秃鹤、细马是最调皮的、最英俊的、最幸福的。尽管交流的内容涉及“生老病死、游驻聚散、悲悯情怀、厄运中的相扶、困境中的相助、孤独中的理解”这些沉重的内容，但整堂课上孩子们的心情并不沉重，反而达到了一种“轻”的效果。也就是说，这次聊书，孩子们在一种“有趣”“好玩”的感觉中获得了人生体验。

不过，课后反思，我觉得自己在聊的过程中，串场语还有些捉襟见肘。毕竟小学生发表自己想法的能力还在发展中，聆听别人看法的能力和习惯还需要多磨炼，响应别人看法的能力还有待多练习，综合与归纳小组想法的能力的提高要走的路还很远。如果老师不能适时且切中要害地串场、点拨、引导，聊书就会显得乱糟糟的。聊书鼓励“说来听听”，但绝不是“随便说说”，我在心里对自己说。

第三次聊的是《乌丢丢的奇遇》

我预料《乌丢丢的奇遇》可能不会像《草房子》那样受到孩子们热烈的欢迎。孩子们读这样的象征意味特别浓的作品还是需要引导和“锻炼”的。所以，我在向孩子们推荐《乌丢丢的奇遇》以后，总是见缝插针地问他们：“这本书好看吗？”“你看懂了吗？”我发现，这样简单的问题却引起了孩子们对书的重视，尽管他们心里并不是很喜欢，但他们会坚持把书读完。并且，孩子们很愿意告诉我他们有关这本书的困惑，他们开始不断地问我问题，一个问题接着一个问题。

我忽然觉得自己明白了一件事：聊书不应该总是聊老师想问的话题，而应该多聊孩子们自己提出的问题。当我向孩子们表明这一点的时候，问题便蜂拥而至。不要怕无法应对孩子们的问题，孩子们提出的问题，最好还是由他们自己到书中去寻找答案，老师所要做的就是创设一个宽松的聊的环境。在倾听孩子们讨论的过程中，你会发现，他们可以把懵懂的提问者和深刻的洞察者这两种角色完美地统一在自己身上。问他们有什么不懂的地方时，他们会很真诚地提出一大堆问题。然而，开始讨论这些问题时，他们自己又能说出很深刻的见解。因此，有一段时间，我和孩子们聊书，就聊他们的疑问。真的，到现在我还认为，最理想的读书会就是围绕孩子们的问题进行讨论，老师不要提问题，连开放性的问题也不要提。

第七次聊的是《疯羊血顶儿》

几次聊书下来，我发现我和孩子们都是在聊书的内容，能不能讨论一下小说的表达形式呢？能不能换个角度聊一些创作技巧上的问题呢？事情到了聊《疯羊血顶儿》这本书时有了转机。

《疯羊血顶儿》这本书存在许多争议性的话题。例如，书中有许多非常真实的动物间争斗搏杀的场面，有人说写得太血腥，有人说这是一种“暴力美学”，我把问题“推”给了孩子们，让他们去讨论。又如，书的结尾处盘羊血顶儿和黑母狼面临一场生死决战，有人认为应该让羊赢，有人觉得应该让狼胜，我还是把问题“推”向孩子们。聊一步步升级，随后成为“辩论”。有意思的是，后来家长也饶有兴趣地加入了“战团”。最后，在我们的努力下，作者沈石溪走进我们的校园，就这些已经上升到文学创作层面的话题谈了自己的看法。你可以想象到孩子们抑制不住的欣喜与兴奋。

总之，从这次读书会开始，我尝试从文学欣赏与创作的角度聊整本书。例如，找出一句表达作者想法的句子，从人物态度和想法的改变谈情节的发展，找出“言不由衷”的例子，欣赏细腻的风景描写，找出故事的高潮，找出故事的伏笔，找出关键性的一句话，探讨日记和信在文学中的运用，讨论事物所象征的意义，谈故事中的巧合……

第十二次聊的是《戴脚环的大雁》

我一边聊书，一边学习。我开始细读莫提默·J. 艾德勒、查尔斯·范多伦的《如何阅读一本书》和诺德曼、雷默的《儿童文学的乐趣》等著作。我开始接受一个观念：我们需要教给孩子们一些阅读策略。是的，作为一个成人，我们应该预测孩子们的阅读困难，教给他们一些阅读策略，让每个孩子都向前走一步。

我在和孩子们聊比安基的《戴脚环的大雁》的时候，就是想和他们感受、体验“重读”这一阅读策略。“重读”是一种非常重要、非常实用的阅读策略：有时候，重读自己喜欢的部分；有时候，重读自己感到疑惑的部分；有时候，重读自己觉得重要的部分；有时候，重读跟自己的思考主题有关的部分；有时候，重读以梳理文章的结构……

想一直聊下去

已经聊了二三十本书，也经常听别人聊书。原以为聊书是一件轻松的事——也确实如此，读书会，无论是书友读书会、家庭读书会，还是班级读书会，小组与讨论的结构性都不是很强，因此称为“聊书”，但是，实践之后，我慢慢感觉到，和孩子聊书是“外松内紧”的事，大人需要“紧一紧”，要把书聊好，实际上还有很多能力有待提高。

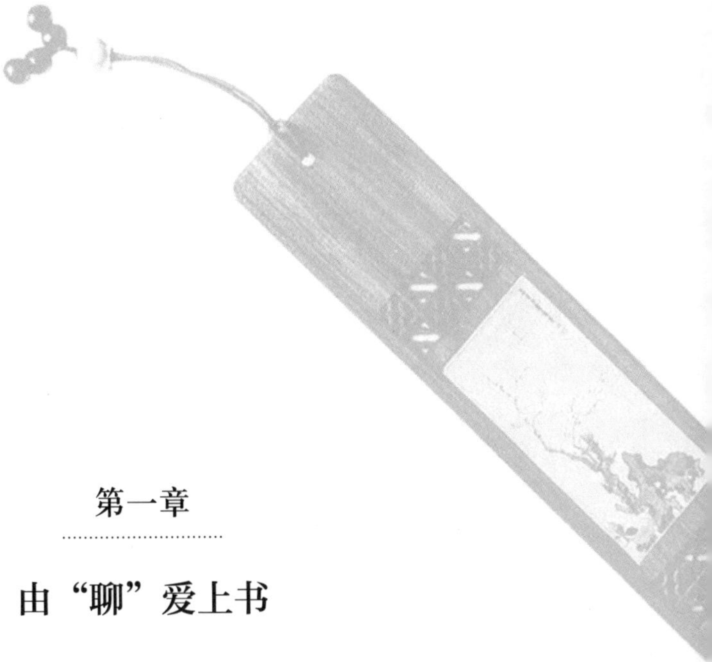

第一章

由“聊”爱上书

让孩子爱上阅读，成为终身读者，并不简单。这需要技巧，需要诚心，更需要激情与坚持。

2012 年 3 月 8 日,《第 56 号教室的奇迹：让孩子变成爱学习的天使》的作者美国的雷夫老师在上海做演讲。雷夫被誉为“美国最牛的老师”。我带几个孩子去采访了他，并与他约定和“第 56 号教室”的孩子通信。我之所以对雷夫、对“第 56 号教室”感兴趣，原因之一是他非常重视阅读。在雷夫看来，一个孩子在学习语文的过程中，只读一篇篇短短的文章，只读节录的文学作品，是很荒唐的。

无论是作为一个爸爸，还是作为一个老师，我真的不愿意再做这样荒唐的事了。无论是在家里还是在教室里，我都尽量让孩子少做题，多读书，读好书，读整本的书。

让孩子爱上阅读，成为终身读者，并不简单。这需要技巧，需要诚心，更需要激情与坚持。

一、为什么要读整本书

或许有人会问：孩子已经读了大量一篇一篇的文章，我们为什么还要强调让他们读整本书呢？整本书的阅读价值到底在哪里呢？

1. 锻炼真实的阅读能力

现在，很多人把课文称作“教材体”文章，语带讽刺。“教材体”文章有什么特点？篇幅短小（经过删减），结构简单，语言“规范”，主题单一、明显……试想，只读这样的文章，能形成真实的阅读能力吗？孩子长大后，面对那些内容跳跃，穿插倒叙、插叙，结构呈网络状的文章，面对那些“多元共生、众声喧哗”的复杂的阅读材料，他能应对吗？还有，熟悉小学教育的人都知道，语文老师把过多的时间用来让孩子们练习出声读，练习有感情朗读。然而，长大后，我们看广告、看书信、看报纸、看参考书，更多采用默读、浏览、略读、速读、跳读等阅读方式。这些阅读方式，小时候不练习，长大后难道会自然形成？让孩子们多“默读”整本书实际上是对目前小学语文教育缺失的弥补。

> 教科书中的文章往往是经过修饰的去情境化的有明晰的道德说教的文章，这样的文章显然没法帮助孩子形成文学鉴赏能力——从只能理解清晰的道德训诫、明确的叙述环境发展到能够领悟较高层次的细腻的道德内涵、复杂的叙述以及不确定的情境。
>
> ——妮娜·米可森《童书中的神奇魔力》

2. 培养阅读意志

整本书与单篇短章相比，人物更多，篇幅更长，主题更复杂，意蕴更丰富……总而言之，读整本书对一个人的注意力、分析力、思考力等都提出了极大的挑战，使阅读成为一种高强度的思维锻炼。读整本书可以锻炼意志。西方的阅读研究者认为，一个人如果到了四年级，还不经常挑战读整本书，那么他长大后很可能就会丧失读整本书的意志和能力。在学校里，我们让识字量不大的一、二年级孩子大量读绘本，刚开始有些家长不理解，因为他们觉得绘本性价比太低，二十几页，没几个字，竟然要卖30元，不值。但我们坚持了下来，其中一个原因就是为了让六七岁的孩子感觉到他在挑战阅读整本书。幼儿也可以在半小时左右的时间里读完“一本”书。在这个喧嚣浮躁的时代，在这个阅读大多是短阅读、浅阅读，专注力丧失的时代，谁能经常挑战读整本书，谁就能脱颖而出。

3. 静下来，静下来

现在的儿童静不下来，日本教育家佐藤学提出了“大都市症”的概念——大都市对儿童来说是容易让其精神紧张的环境。在这样的环境里成长，比较多的儿童喜欢对伙伴吹毛求疵、排斥朋友；在课堂中儿童被分为动辄骚动与沉默不语两大类；情绪不稳定和低学力儿童比例逐年增加。其中“多动”的问题最为突出。我曾经带过一个班，有一个孩子永远像一只鸟一样“栖息”在自己的椅子上，他根本停不下来，根本静不下来。这样的孩子比例越来越高。其实，除了身体上的“多动”以外，还有心理上的“多动”。美国学者马克·鲍尔莱恩在著作《最愚蠢的一代》中回忆：“15岁的时候，我也上学，和朋友聊天、打篮球，但晚餐的时候，我会回家，会一个人做作业。一天里至少有一段时间，我不是和15岁的人待在一起，而是独自一人，读书、思考。但现在，有了互联网，年轻人几乎每时每刻都和互联网腻在一起，晚上22点钟还在聊天、分享照片、发短信。他们没有分开的时候，这才是问题所在。”注意，在马克·鲍尔莱恩写这部书的时候，还没有博客、微博、微信……现在，我们已经确确实实身处一个垃圾信息、碎片化信息过量的世界中，人越来越浮躁，这是我们应该面对的现实。让孩子安静下来的途径有不少，例如与大自然多接触，与艺术多接触……在这些方法中，读书未必是最好的办法，但肯定是最便捷的一条途径。

4. 接触一个更丰富的文学世界

关于这个话题，台湾的李玉贵老师做过一次非常翔实、具体的调查研究。她让一个年级的孩子同时阅读课文《巨人的花园》与原著《自私的巨人》，然后问他们更喜欢哪一个。课文《巨人的花园》与原著《自私的巨人》究竟有什么不同呢？

1. 课文将原著的5227字删改到457字，课文字数不到原著的十分之一。

2. 课文修改了原著第一句，课文第一句是：“从前有一个自私的巨人，他拥有一座大花园。”也就是说，课文第一句话，就已经论定了故事主角的个性。

3. 课文删除了原著中的许多角色。课文中没有了“吃人鬼朋友”，没有了霸占巨人花园不去的“雪”“霜”“北风”“冰雹”，没有了向巨人报春的“小梅花雀”。

4. 课文中没有了“有来有往”的真实对话，只有独白。要知道，对话可以让角色相遇、互动、探问，进而相互理解、推展情节。

5. 课文中对隆冬的描述是简单的静态描述，而原著中的描绘巨细靡遗，是丰富的、动态的。

6. 课文中仅有一处魔法或幻想，而原著中至少有十二处魔法，可以说处处是魔法。

7. 课文为避免儿童接触伤害、死亡等场面，删去了巨人死亡的结局与小男孩受伤的情节。

8. 课文教化性强且主题单一，原著情节丰富、主题多元。

在调查结果出来之前，李老师想当然地认为大部分孩子会喜欢篇幅简短、角色少、情节简单、主题清楚的课文，她甚至后悔将原著放到孩子们面前，觉得这样做不合适。她心里想：“原著篇幅那么长，人物那么多，情节那么复杂，三年级的孩子会喜欢吗？原著中出现了有关身体的重伤害、有关生命的结束这样的情节，三年级的小孩能面对吗？原著中对巨人从没有批评，相反，很多地方需要读者产生同理心，从而能够将心比心地去感受巨人。三年级的孩子，能读懂吗？”

调查结果让人大感意外，192 个孩子中有 173 个（约占 90%）比较喜欢原著《自私的巨人》，有 19 个（约占 10%）比较喜欢课文《巨人的花园》。这个结果足以让我们反思：我们总以为孩子是思考简单、想法简单、阅读承载力低、生命承受力弱的读者。实际上，很多孩子，哪怕只有十岁左右，已经希望成为能思考、想得多、挑战阅读、容受生命复杂的读者。我们以为孩子只能阅读角色温和的故事，实际上，小学中年级孩子已经期望能阅读、欣赏、感悟、品味故事中角色的变化与丰富了。

二、如何让孩子爱上阅读

要让孩子爱上阅读，成为一个终身读者并不简单。当今这个世界上弥漫着一场没有硝烟的战争 —— 与“遥控器”的战争，并且在这场战争中，书本经常节节败退。

有的老师和家长可能不承认现在的孩子不爱看书了。因为在他们看来，好多孩子似乎“嗜书如命”，整天将书捧在手里。但是在我看来，很多孩子的“爱阅读”是一种假性爱阅读。他们“爱阅读”是因为在逼仄的空间里没有选择的余地，爸爸妈妈还有老师不让玩电脑，不让看电视，甚至不让出去玩。他们想想，相比于繁重、枯燥的作业，还不如看书呢。在这种情形下，让孩子发自内心地爱上阅读就显得非常迫切和重要。

怎么做，才能让孩子真正地爱上阅读呢？

1. 建一个书架 —— 为了那 60% 的概率

我愿意相信一些阅读推广人下的结论：如果你的家里有书架，而书架上的书达到 200 本，那么你的孩子爱上阅读的可能性可以达到 60%。我很喜欢 60% 这个“可能性”—— 既给你希望，又让你觉得很真实。有的家长会认为，买 200 本书那不是很容易的事吗？确实，几千元，对生活在城市里的很多家长来说，并不算多。其实，他们误解了“书架上的书达到 200 本”的意思。这是一种“象征”的表达，实际上描述了一种生活方式：爸爸妈妈有空的时候，和孩子一起去书店，看看，翻翻，找找，然后买两三本自己喜欢的书回家，如此逐步积累，不断充实书架。

2.“捐两本，看百本”

对阅读环境的营造，学校更应该重视。但是，实际情况却是很多学校宁愿造一幢大楼，也不愿买一百本书。与其把时间花在说服校长上，不如精心打造班级读书角。所谓“捐两本，看百本”，是指班里的每个孩子都借给班级两本书，班里如有几十个孩子，合在一起便有近百本书。组织这个活动要注意以下几点。

（1）活动倡议书最好由孩子们拟稿

这样孩子们会更看重，同时也锻炼了他们的能力。

（2）对孩子们所“捐”书本进行统筹

我刚开始闹过一次笑话。孩子们借给班级的90本书，有21本《安徒生童话》、15本《格林童话》、9本《幽默三国》，撞车现象非常严重，并且孩子们都是把家里“破、脏、旧”的书拿到学校来。因此，老师应该说明在先。

（3）不要追求书柜外观的漂亮

书柜最好不要安装门，更不要把门锁起来，一定要敞开，便于孩子们取阅。不一定要安排图书管理员严格记录同学的借阅、归还情况，只需提醒孩子们尽快看完所借的书，保证书的“流通”。我发现，借阅越方便，孩子们的借阅率就越高，并且能营造出浓厚的阅读氛围。

（4）老师自己买书充实班级书库

我现在所带班级的书柜中，就有我自己购买的许多书。这样做效果非常好。第一，我可以将一些儿童文学经典充实到班级书库中。孩子的视野毕竟有限，购买途径比较单一，而我作为老师，获取童书信息以及购买的途径相对学生来说更多。第二，老师借书给班级书库，可以让孩子们“感动”一把，刺激他们的阅读欲望。对小学生而言，老师说的、老师做的、老师买的、老师的一言一行总有一种其他人不可替代的魔力。大部分孩子对老师推荐的书特别感兴趣，他们常在下课后挤在一起看同一本书，先前不喜爱看书的孩子，也会参与其中。

（5）借阅的规则应多一些科学性和创意

当班级读书角的书达到一定数量的时候，我们就应该制定一些科学、有创意的借阅规则让班级读书角发挥更大的作用。例如，每次只能借一本；每次最多只能借阅两星期，如要延长，应向图书管理员或老师说明原因；每隔一个月，借阅记录归零，每个孩子都把书归还到读书角；每隔一段时间，举行一次好书推荐会，介绍得好的孩子可以优先借阅。

3. 影响友伴——群体动力学的启示

一项对美国南方某大城市 272 名 11 岁到 19 岁的在校男生和女生的研究表明，同辈群体对文学阅读行为的影响是明显的。研究者向这些青少年提了这样的问题：在阅读材料的选择上，谁最可能对他们产生影响？是父母、同学，还是最好的朋友？从回答的结果来看，38.9% 的学生回答是同学，33.5% 的学生回答是父母，27.6% 的学生回答是最好的朋友。可见，同学和最好的朋友的影响是显著的。这就是群体动力学，个体一旦视某个群体为自己的参照标准，就会把该群体的目标、规范、趣味作为标准来塑造自己的思想和行为。例如，在一段时间里，中小学生几乎人手一册《哈利·波特》。为什么会出现这种全球性的迷恋？难道这本书好看到每一个人都喜欢？我以老师的便利身份就这个疑问采访了好多孩子。事实是，有一部分孩子读了并不觉得好，特别是后面几部，甚至还有一些孩子对这种魔幻小说并不感兴趣；但是当他的同伴都在读《哈利·波特》，而自己却没读过时，他就觉得自己无法加入同伴之间的文学对话语境，显得自己孤单和掉价，为了协调同伴关系，就得赶紧找《哈利·波特》来读。

深圳很多经济条件不错的家长，经常同一种书买几本，一本给孩子，另外几本给孩子最好的朋友。这对保持孩子的阅读兴趣，效果很不错。

有一位校长也在推广儿童阅读，可是她自己的女儿对阅读的兴趣一般。

她想了种种办法，效果都不明显。后来，她利用中午时间开设了一个阅读社团，把高年级几个酷爱阅读的孩子召集在一起聊书。她利用自己的“校长职权”，让女儿也加入其中。一段时间之后，她发现女儿读书的热情明显提升了。

4. 大声朗读 —— 由听爱上读

总有很多爸爸妈妈或者老师跟我说，无论他们怎样努力，他们的孩子或学生就是不喜欢读书。我也不否认，有些严重的阅读障碍是克服不了的。我在教学生涯中，也遇到过这样的孩子。但这并不是我们放弃努力的理由。对那样的孩子，我最想推荐的方法就是大声读给他听，让他由听爱上阅读。

1979 年，美国阅读教育专家崔利斯自费出版《朗读手册 —— 大声为孩子读书吧》，向大家介绍培养读者最有效的方法 —— 大声朗读。1985 年，美国国家阅读委员会发布一项名为“成为阅读大国”的报告，肯定了大声朗读的迷人魅力。报告中说，给孩子朗读，能够建立孩子必备的知识体系，引导他们最终踏上成功的阅读之路。有证据显示，朗读不止在家庭中有效，在课堂上也成果非凡。大声朗读在应用时应注意以下几点。

(1) 选择适合大声朗读的书

在选择朗读素材时，要充分考虑孩子们的智力程度、社会化程度和情感程度，可以挑战他们，但不要把他们淹没。除此之外，适合朗读的作品，大致有以下品质。第一，情节发展快。因此，那些“深沉”的、“诗意”的、没有明显起伏情节的作品往往不能引起孩子们的兴趣。第二，人物形象鲜明、丰满，“好人”与“坏人”容易区分。第三，对话明快、易读。第四，大段的景物描写要少。大声朗读时应避免读太长的描述性的句子和段落，孩子们的想象力可能无法驾驭，而且他们的注意力也有限。因此，当你预读一部作品发现有大段描写时，应将其适当裁短甚至删除。

（2）要想办法让孩子们参与进来

第一，适时停顿，让孩子们自己想象参与。因为你读的是一本书，因此你无法一次完成一个章节，就得找一个地方停下来。找什么地方停下来很有讲究，最好选择在留有悬念的地方停下来。停的时间不要太久，因为孩子的兴致保持不了多久。如果你等上三四天后才继续读下一章，孩子们往往就没什么兴趣了。第二，适时提问，让孩子们简单参与。当你读的时候，如果你感觉孩子们的注意力开始分散，就要想办法把他们拉回来，可以问："你认为下一步会发生什么事情？"另外，也可以让孩子们提问，不要对孩子们（特别是低幼的孩子）在你朗读过程中的提问感到不耐烦，要耐心回答他们的问题；不要搪塞他们，也不要回答得匆匆忙忙。不过，如果是在课堂上读，对孩子们的问题就应适当控制。如果几十个孩子不断提出问题，你就很难将一本书读完。

（3）要运用一定的朗读技巧

第一，要注意读的语调、语速。大声朗读的要义是要让听的人听得明白、喜欢听，因此要读得慢一些，让孩子们在脑海中形成画面。读得太快，朗读者就没有时间运用表达技巧。要富有感情地朗读，读到让人紧张的悬念处，要慢下来，把字句拉长，要让你的听众坐立不安。总之，要根据故事情节的发展调整语速。第二，要适时出示书的相关资源。在朗读之前要给孩子们介绍作者。介绍作者很有讲究，应该找一些有关作者的背景资料来介绍，把作者还原为一个活生生的人。要让孩子们知道，书是人写的，不是机器写的。只要有可能，就让孩子们见识见识与书的故事相关的实物。第三，要注意读的环境。如果是读一本小说，要选好自己的位置，要让自己和孩子们都感到比较舒服。在教室里，无论你是坐着还是站着，你的头部都一定要高过听众，这样你的声音才能传得更远。

5. 保证阅读的时间

妨碍孩子们阅读的最大障碍是什么？是没有时间。现在，孩子们的休闲时间已经成了“兴趣班时间”。不上兴趣班的时候，焦虑的家长又会给孩子安排时间做这些事：跳绳、口算天天练、背诵古诗、整理错题、做练习卷、阅读……小学生的家长是不会忘记阅读的，但阅读时间是被安排的，是有限的，在其他众多任务的夹击中显得很是紧迫。

到了学校又怎样呢？下面是一个孩子走进学校后的学习进程。

7:50 早读

8:20 ~ 9:00 第一节课

9:10 ~ 9:50 第二节课

10:05 ~ 10:50 第三节课（含眼保健操）

11:00 ~ 11:40 第四节课

11:40 ~ 12:35 午餐，体育活动（有的学校是午睡）

13:00 ~ 13:15 午间谈话

13:20 ~ 14:05 第五节课（含眼保健操）

14:15 ~ 14:55 第六节课

15:05 ~ 15:30 大课间活动

15:40 ~ 16:25 社团活动（自由报名）

这是一所学校的作息时间表。不同的学校作息时间表并不完全一样，但大同小异。看着这张作息时间表，你可以设想一下，孩子们是在什么时间段进行全班性的阅读的。设想之后，你会发现，孩子们在学校的阅读时间也是非常有限的。有人可能会说，只要重视阅读，总会找到时间的，例如，早上到校时间，午间休息、运动时间，傍晚的社团活动时间都可以让孩子们阅读。我并不同意这样的看法，因为我不同意把阅读无限扩大化。学校确实要重视阅读，但不能为了保证阅读而侵占孩子们做游戏、运动、接受德育以及发展兴趣爱好的时间。所以，如果一所学校每天能保证 10 分钟 —— 有的学校叫“晨读 10 分钟”，有的学校叫“宁静阅读时间”，有的学校叫“午读时间” —— 让孩子们不受干扰地、自由地、安静地阅读，就已经是一件非常了不起的事了。

如果你觉得10分钟确实还不够，那么，我们的任课老师尤其是语文老师就应该拿出足够的魄力了。首先，我们应该尽量少布置机械重复的作业，作业少了，孩子们可以看书的时间相对就多了。其次，作为语文老师，我们有没有能力从每周的语文课里腾挪出一节语文课给孩子们阅读？有的老师不禁要惊呼：我们赶课都来不及，哪有可能每周“省”出一节课的时间！因此推广阅读是跟提高课堂效率联系在一起的。

6.“无所不用其极”

关于“无所不用其极”，说一个我听来的创意案例。台北市有四所小学的校长，在报纸上公开发表联合声明：如果他们四所学校的孩子在一定的时间里读完学校推荐的书籍，那么，他们四个身材已经发福的男校长就穿布料最少的芭蕾舞服，在大剧院里跳《四小天鹅》。这四所学校的孩子看到这则消息，都快“疯”了，许许多多的孩子和家长都成了阅读的提醒者和监督者。尽管很多孩子阅读的目的可能是想看一看校长腆着肚子跳舞的滑稽样，但在这个与“遥控器”战斗的时代里，这个方法能让孩子主动拿起书本，值得尝试。

因此，在激发孩子们的阅读兴趣方面，我们老师不能坐等或者套用别人的方法，而要做一个有心人，要多一点儿创意精神，要找一些契机，要采取一些新奇的方法来刺激孩子。

在2011年第二学期，我就发动孩子们给“美国最牛的老师”雷夫写信，并向他们承诺努力把这封信递交到雷夫手里。要写好这封信，孩子们首先要做的是阅读——读雷夫的《第56号教室的奇迹：让孩子变成爱学习的天使》，通过书去了解雷夫这个几乎无法复制的有点儿特立独行的老师的所作所为、所思所想。但雷夫毕竟只是教育领域的名人，孩子们对他并不熟悉，不熟悉就不向往，不向往就没兴趣。因此，在把书带到教室之前，我“无所不用其极”，做了很多热身活动，让他们带着一种崇拜、带着一种渴望、带着一种即将与杰出的富有传奇色彩的人物见面的期盼去读书。你可以想见孩子们读这本书时的热情。当我们班孩子在上海和雷夫见面的时候，雷夫以他的美国式幽默逗他们玩："你们怎么会花时间看我的书？我觉得你们应该读一些更有趣的书。"全场哄堂大笑，孩子们在笑声中回应："我们觉得您的书很好看哪！一点儿都不无聊。"

与雷夫见面后，孩子们热情高涨，我趁热打铁，和他们一起继续阅读雷夫推荐阅读的书籍。真是"亲其师，信其道"，因为和雷夫有了感情，雷夫推荐的书籍他们也看得津津有味。

7. 我最喜欢聊书这种方式

在说我最喜欢的让孩子爱上阅读的方式之前，先说说我不喜欢的方式。

我不喜欢通过开书单让孩子爱上阅读。我们很多人总是喜欢给孩子开书单，指定孩子读完这本读那本。这个世界上确实有许多伟大的著作值得去读，但是没有一本重要到非读不可的书。况且很多人列出的书单，只是他们自己的书单，这些书单列得再好，孩子也不太可能仅因为这些书单就爱上阅读。

我不喜欢通过测试让孩子爱上阅读。我不会给孩子的阅读安排过多的测试。总是想用测试衡量学生阅读的老师，习惯将书分为"有用的"和"无用的"两类。在他们眼里，幻想小说是无用的，因为幻想小说不切实际、过于冗长、难以理解；漫画书更是无用的，阅读它们纯粹是浪费时间。测试总是让阅读变得越来越功利。那些总想通过测试衡量阅读的老师，习惯要求学生每一本书都精读、细读、熟读，习惯给学生的阅读提各种要求：查字典、摘录、批注、写读后感……可是，这样一来，老师布置的作业还没做完，学生就已经不想读书了。要知道，酷爱阅读的人在享受阅读时，不会为查一个生词而打断自己在情节上体验到的乐趣，更不会去回答一大堆问题。现在，很多学校喜欢"研发"一些充满监督、检查、竞赛意味的"阅读考级"。"阅读考级"，只是名字听上去很美罢了。说实话，很多考级题目，看了以后实在令人沮丧，里面尽是一些"作者是谁""书名是什么""主人公到过哪里"这样的识记类题目。如果阅读又走到"侧重于字词，侧重于语言文字训练，侧重于发展记忆力"的"阅读工学"的路子上来，就必将是死路一条。

因此，与开书单、测试相比，我更喜欢做的是带孩子们去图书馆和书店浏览，让他们自己选择自己喜欢的书来读。

当孩子们对我足够信任时，我也会推荐书。我和他们一起阅读，读完之后就和他们聊。我不会装出一副很聪明的样子对他们“讲道理”。酷爱阅读的人读书不是为了汲取信息或人生信条，即使书里确实有对人生有益的规劝。一个有个性的读者，总是在努力抵抗文本的操控，他最怕权威者的灌输，最怕人云亦云，最怕自己的脑袋成为别人思想的跑马场。我所做的就是跟孩子们对话，坦率、真诚、富有探索性地讨论，甚至激辩。无聊不成书，我发现这种聊，只要能坚持，对孩子们的阅读兴趣就会有极大的刺激。

三、什么样的书适合聊

不知道你是否有过这样的感受：走进书店，发现书太多了，到处都是“经典”“大奖”“金牌”“收藏”书系，让人眼花缭乱，一下子不知从何选起 —— 这就是我们必须面对的阅读现状。如今，仅我国每年就有二三十万种中文图书出版。现在，每个人一生读尽自己所从事领域的图书都已经远远不可能了，更何况还有所从事领域之外的一些图书需要关注。在阅读方面，望洋兴叹早已成为现实。因此，选择一些或经典或实用的图书推荐给不同领域的读者，让普通的读者有一个基本的阅读地图，已经显得越来越重要了。

1. 记住五个“一点儿”

如果你的孩子、你的学生对书的兴趣一般，“投其所好”就显得相当重要。

对处于阅读起步阶段的孩子，我们推荐书不能一味强调“品质”“意义”，而应推荐一些适合他们口味的“味道好”的书，让书本身吸引他们。孩子喜欢这本书，读完就愿意和你聊。

哪些书算是“味道好”的书呢？哪些书适宜在阅读的起步阶段推荐给孩子呢？没有绝对的标准，下面我用五个“一点儿”大致描述一下。

（1）冷僻词语少一点儿

有心的家长或父母，要事先翻一下书，如果生词量超过 30%（当然这是大致的判断），就应该延缓推荐。

（2）薄一点儿

一般的童书，哪怕是长篇小说，也只有七八万字。太长或太难的书会让孩子受挫，甚至可能整个破坏他们阅读的乐趣。

（3）大道理少说一点儿

孩子往往是为了乐趣而去阅读的，他们喜欢的是故事，而不是说教。他们是不喜欢过分强调道德和教训的书的。

（4）情节发展快一点儿

故事应该幽默、有趣、富有想象力，有许多奇思妙想，有比较明显的温情，最重要的是，情节发展不能拖沓，节奏要快。当我新接手一个班的时候，我总是依据这个原则为孩子们推荐书。例如，我会推荐《小猪唏哩呼噜》（二年级）、《女巫》（三年级）、《草房子》（四年级）、《两个小洛特》（四年级）、《西顿动物故事》（五年级）、《罗伯特的三次报复行动》（六年级）。

（5）人物形象鲜明一点儿

"人物形象鲜明"的第一个意思是，故事里的主人公应该是类型化的人物，好人就是好人，连模样也很正气、漂亮；坏人就是坏人，连模样也得是歪瓜裂枣、满脸邪气。第二个意思是，故事里要有明显的主人公，其他人物不能太多，关系不能太复杂。我曾经推荐孩子们阅读金波的作品《乌丢丢的奇遇》，结果发现他们的响应并不积极，后来，我做了以下总结："孩子们看书喜欢追随故事里的一个主要人物，他们喜欢和习惯了紧紧跟随一个主要人物'喜怒哀乐'，其他人物只是陪衬和点缀。他们似乎不喜欢同时和书里的几个人物一起交朋友。当他们看到'乌丢丢的奇遇'这个题目时，就非常迫切地想认识乌丢丢，然后和乌丢丢一起去冒险。然而在他们真正开始阅读

《乌丢丢的奇遇》之后，他们发现这本书没有真正的主角，乌丢丢很多时候只是陪衬和看客，这让他们一下子难以适应，就像一直在寻找偶像的粉丝发现偶像混迹在人群中一点儿也不起眼一样。”

儿童阅读推广人林文宝教授在儿童阅读方面有以下一些建议。

◎最好的儿童故事具有简单的文本、明亮缤纷的图画，以及圆满快乐的结局。太长或太难的书会让孩子受挫，甚至可能整个破坏他们对文学作品与阅读的乐趣。

◎挑选童书时，要考虑的最重要的事情是，我们在替哪个年龄的孩子选书。比方说，五岁的孩子与三岁或七岁的孩子相比，喜欢且能够理解的书就不同，所以我们需要挑选适合孩子年龄的书。

◎孩子对幻想故事的反应是很高兴的——特别是有关动物的行为举止像人类的那种故事。

◎孩子喜欢和他们自己有关的故事：典型的童年经验的故事。小男生喜欢关于男生的故事，而小女生则喜欢关于女生的故事。一般孩子不大可能有兴趣阅读——或甚至有能力理解——关于某些只属于成人生活层面的经验，例如，性爱或是职场日常生活的烦闷。

◎儿童故事不应该描写像暴力、无礼或不道德等孩子无法接受之行为，因为孩子可能会模仿。

◎儿童故事也不应该包含可怕事物的描写，因为孩子可能会被吓坏。

◎儿童故事应该包含正面的角色模范：角色的行事应该能够被接受，或是得到鼓励。

◎好的童书一般以相当委婉的方式，教导有关生命的意义，使学习变得有趣。

2. 有可能，就选择高品位的书

当然，多选择孩子喜欢的书，并不意味着推荐书时完全以孩子的兴趣为依据。完全依据孩子的兴趣来推荐书可能会导致读书的随意性，导致阅读的“偏食”，导致孩子鉴赏能力和阅读品位的降低。一旦孩子们在精神成长最敏感的时期遇到好书，他们就可以形成一个好“胃口”，就会对图书充满期待和感情。所谓品位，我们可以列举几个模糊的标准。

（1）忠实于自然的书

就是诉之于“直观”，培养儿童观察力的书，例如法布尔的《昆虫记》、比安基的《森林报》。

（2）可以解放儿童的心，使他们喜悦的书

例如充满想象力的幽默的《5月35日》《查理和巧克力工厂》。

（3）能把人类高贵的感情吹进儿童的心灵，使儿童尊重一切生命的书

例如《小王子》。

（4）承认游戏是重要的、不可或缺的活动的书

例如林格伦的《长袜子皮皮》、戈西尼的《小淘气尼古拉的故事》系列书籍。

（5）启发儿童知识的书，帮助孩子认识人性——人类心情的书

例如纽伯瑞儿童文学奖获奖作品《一百条裙子》《亲爱的汉修先生》等。

3. 多选择儿童文学经典

提到经典作品，很多大人首先想到的是类似《红楼梦》《巴黎圣母院》《战争与和平》这样的经典名著、鸿篇巨制，却很少知道像《猜猜我有多爱你》

《夏洛的网》这样的儿童文学经典。这是因为我们自己缺乏这样的阅读经验，因此也习惯让孩子首先去读这些世界文学名著。由于这些名著同孩子的理解能力有一定距离，可能会挫伤孩子的阅读兴趣，把孩子推离书本。这种现象应该引起我们的思考。我们怎样做才能比较快捷、准确地找到儿童文学经典呢？

（1）循着值得信赖的品牌去找

儿童文学领域也有自己的“诺贝尔文学奖”—— 国际安徒生奖和纽伯瑞儿童文学奖。

国际安徒生奖是由国际少年儿童读物联盟（IBBY）于 1956 年设立的国际性儿童文学奖，每两年颁发一次，授予儿童图书作家和插图画家，以此奖励并感谢他们创作出好书。英国的法吉恩（代表作《万花筒》）、瑞典的林格伦（代表作《长袜子皮皮》）、德国的凯斯特纳（代表作《埃米尔擒贼记》）、芬兰的扬松（代表作《魔法师的帽子》）、意大利的贾尼·罗大里（代表作《假话国历险记》）、以色列的尤里·奥莱夫（代表作《鸟雀街上的孤岛》）都曾获此殊荣。

纽伯瑞儿童文学奖与国际安徒生奖齐名，每年颁发一次，颁奖对象为上一年出版的英语儿童文学作品；每年颁发金奖一部、银奖一部或数部。迄今为止，国内引进出版了几十种纽伯瑞儿童文学奖金银奖作品，例如《海上小勇士》《风之王》《亲爱的汉修先生》《天使雕像》《雷梦拉八岁》《时代广场的蟋蟀》《小巫婆求仙记》《桥下一家人》……

（2）循着优秀的作者去找

看了一些儿童文学作品，对儿童文学有了一定了解之后，你可以试着依循自己喜欢的作者这条线索去寻找。下面这些儿童文学作家都是我比较喜欢的，例如英国的内斯比特、肯尼斯·格雷厄姆、罗尔德·达尔，德国的奥得弗雷德·普鲁士勒、米切尔·恩德、凯斯特纳，意大利的罗大里，法国的圣埃克絮佩里，挪威的乔斯坦·贾德，美国的苏斯博士、谢尔·希尔弗斯坦、怀特，日本的安房直子、新美南吉、椋鸠十，中国的孙幼军、曹文轩、黄蓓佳、梅子涵、沈石溪、彭懿等。

（3）循着书单去找

当然，你也可以依照一些值得信赖的书单去找书。有的书单来自一些有专业素养的公益组织，例如新阅读研究所、亲近母语研究院；有的书单来自一些专业人士，例如阿甲（红泥巴读书俱乐部创始人）、梅子涵（著名儿童文学作家）、王林（著名儿童阅读推广人）等。

4. 根据年龄来选书

从文学接受的角度看，儿童读者的文学能力结构在由初级水平向较高级水平发展的过程中，都会画出一条大致相同的轨迹。同一年龄段的读者文学能力的建构速度和水平不尽相同，但是从整体上考察，它呈现出一种正态分布状态。这句话是什么意思呢？就是说，大多数同龄儿童的文学能力发展具有同步性，大多数同龄儿童的阅读兴趣是差不多的。

一、二年级的孩子喜欢读什么书呢？我首选童话。首先，童话不会太长，情节不会太复杂，很多稍微长一点儿的故事也往往采用“反复结构”。例如《三只小猪》，讲的是猪兄弟三个造房子，狼一一造访，三段故事差不多，好读好记。采用这样的“反复结构”的童话实在太多太多，例如《爷爷一定有办法》《老头子做事总不会错》等。其次，童话非常有趣。以孙幼军的《小猪唏哩呼噜》为例，第一页就说，有一头猪，很巧，娶了个老婆也是一头猪。这种让人忍俊不禁的幽默、这种人与动物互通的趣味，总是让孩子爱不释手。最后，童话主题正面。所谓“主题正面”，就是小红帽总是要战胜大灰狼的，丑小鸭总是要变成天鹅的，灰姑娘总是要嫁给王子的。也就是说，尽管过程曲折，但结局一定是好人最终战胜坏人、弱者最终变成强者，是光明、美好的。一、二年级的孩子还不太能接受悲惨、不公的现实，他们只希望看到光明、美好的一面。但是，并不是所有的童话孩子都喜欢。下面这样的童话，我就曾推荐失败过：①生僻词语偏多，句子写得过于华美，铺陈太多的；②不够有趣的，有些童话或者童心不足，或者创意不够；③太喜欢讲道理的。

另外，桥梁书也是一个很好的选择。

一、二年级的孩子刚开始识字，不符合孩子兴趣的高难度书籍，会使他们的阅读欲望萎缩。因此，这个阶段的阅读，首先要多选图文并茂的桥梁书。桥梁书适合让一、二年级的孩子独立阅读（这个年龄段的孩子也应该慢慢尝试独立阅读了）。桥梁书的特点是图文并茂，并且图的连续性强，画面丰富，对文字有很强的解释功能，因此即使有较多的字不认识，孩子依然可以通过读图，连猜带想，帮助自己克服阅读障碍。

三、四年级的孩子喜欢读什么书？首先，我会选一些关于英雄的故事。因为他们刚迈入合理性思考期，喜欢现实的故事远胜于子虚乌有的故事，历史上曾实际存在过的英雄人物故事能带给他们阅读的愉悦。其次，可以让他们多读一些有关友情的书。因为随着生活范围的扩大，朋友以及朋友之间的相处之道成了这个年龄段孩子的生活重心。例如《小淘气尼古拉的故事》《淘气包马小跳》。再次，可以多选一些冒险故事。因为这个年龄段的孩子一心想要脱离大人的束缚，进而想要独立。例如《手斧男孩》《天使雕像》《蓝色的海豚岛》。最后，可以让他们多读一些能够激发同情心的书。心理学家认为，这个时期的孩子认为自己已经不是受别人同情的弱者，而是可以给予别人同情的强者。例如《三毛流浪记》《草房子》。

五、六年级的孩子喜欢读什么书？这个年龄段的孩子开始对知识类书籍产生兴趣，他们懂的越多，想了解的也就越多。他们开始对人的一生及人类的命运表示关心。这个年龄段的孩子开始欣赏抒情文学，例如，对诗，他们已经具备初步的欣赏能力。这个年龄段的孩子还喜欢阅读侦探、推理小说。单纯的想象、幻想的世界，再也无法满足他们了，给予他们喜悦的是伦理的世界。这个年龄段的孩子还喜欢阅读科幻小说。六年级的孩子，以及初中生，他们的阅读选择开始向成人读物发生大规模的迁移。哪怕老师不推荐，他们自己也会有意识地索取成人读物。

5. 和不同性别的孩子聊的书

我们知道，男孩多喜欢冒险，有英雄情结；女孩则向往恬静、文雅的生活。于是，我们看到大多数男孩手里挥舞着的是刀与剑，而女孩怀里抱着的是娃娃。

到了一定的年龄段，儿童读者的文学能力和阅读兴趣会不会显示出性别差异呢？调查显示，文学阅读兴趣的性别差异大约在儿童9周岁时出现。在美国，一项对3000名10到15岁儿童阅读兴趣的调查显示，男孩更喜欢科学、发明、运动和冒险等方面的故事，女孩则更喜欢家庭生活故事、浪漫文学作品、学校故事、童话和动物故事。

我自己在学校里对学生做了调研，把男孩和女孩的阅读兴趣按高低顺序依次排列，其顺序如下。

男孩：疑案、冒险、侦探、历史、发明、科学、自然和动物、童话、传记、家庭和学校故事、诗歌。

女孩：神秘故事、家庭和学校故事、童话、传记、诗歌、侦探。

总体而言，女孩选择神秘故事与家庭和学校故事的概率是男孩的两倍，更多的男孩喜欢阅读非小说性的文学作品。儿童读者文学接受方面的性别差异引起了一些作家的注意。例如，我国童话作家郑渊洁在童话创作中有意吸纳读者的性别意识，常常在人物、故事乃至封面设计等方面考虑男女小读者的不同趣味和爱好。从文学接受的角度看，这些考虑是很有意义的。

那么在儿童阅读推广方面，我们怎样才能利用好“儿童读者文学接受方面的性别差异”这一特点呢？这个细分领域还是很值得探索的。

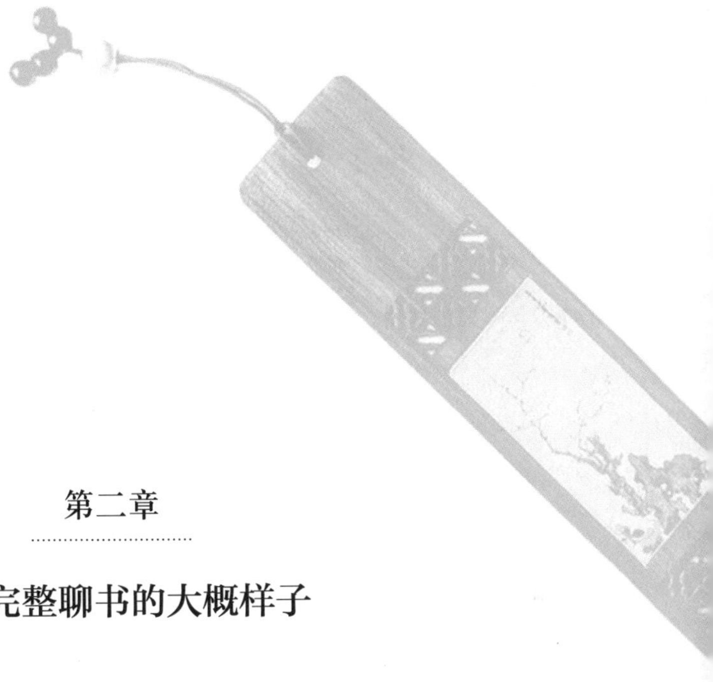

第二章

一次完整聊书的大概样子

聊书没有绝对固定的程式，但可以有一般流程。

这个流程是许多人试了许多次之后总结出来的，这是宝贵的经验。

新手老师可以循着这个流程，带领孩子“由表及里”更好地读一本书。

聊书没有绝对固定的程式，有的只是一般流程。聊书的一般流程分为四个阶段：导读、阅读、讨论、延伸。

导读：就是引导孩子共读一本书，完整意义上的聊书总是从导读开始的。

阅读：就是父母和孩子、老师和学生共同读完一本书，主要有大声朗读、持续默读、自由阅读三种方式。需要注意的是，大人在阅读阶段可以让孩子了解今后围绕一本书需要讨论的内容，以免在讨论时发生远离议题而不自知的状况。

讨论：看完之后就可以围绕书进行讨论。要鼓励孩子就自己感兴趣的或有疑问的内容，发表意见。

延伸：一次完整的聊书，我们常常不是把一部作品讨论、交流的结束当作活动的终止。老师要抓住机会，开展一些和书有关的拓展活动。

一、导读

导读的目的在于让孩子们很想阅读你所推荐的书。事实上，你想让孩子们读的书，并不一定是热门书。我在 2007 年向孩子们推荐《夏洛的网》时，《夏洛的网》属于“冷僻”的边缘书，我们很难在书店里找到它，即使有，也是在你伸手不可及的书柜顶端或者很容易被人忽略的角落。书店的醒目处，摆放的主要是教辅书和畅销书。一个语文老师的本事，是通过导读，让孩子们对这本书充满好奇，产生阅读的欲望。导读能力强的老师甚至可以让很多“冷僻”的边缘书成为一个区域内的热门书。所以，一群优秀的语文老师、儿童阅读推广人是可以改变一个地方的阅读生态的。导读时我们应该注意以下几点。

1. 要有充分的准备

导读时最糟糕的情况是你煞有介事地推荐了一本书，事实上你自己却没读过。有一次，我向孩子们推荐《纳尼亚传奇》，第二天就有孩子拿着整套的《纳尼亚传奇》来跟我交流。他早就是“《纳》迷”，听了我的推荐，非常兴奋，以为遇到了知音，可他马上发现我并没有读过整套书，于是，他的失望之情溢于言表。

那么做到什么程度算是有充分的准备呢？可以从四个方面来检视。

◎熟悉作者与作品的背景。

◎有关于这本书的摘要。

◎自己有收获。

◎有对这本书的评论（含质疑）。

就我个人的体会来说，如果自己对一本书没有感觉，没有想法，孩子们就会敏锐地感觉到。这样，你的推荐就没有推动力。因此，当我看到一本好书时，会经常对照上面四条，随手记下自己的一些感受。下面就是我关于《小王子》一书的阅读记录，在导读以及与学生讨论时，很多内容都派上了用场。

（1）《小王子》畅销全世界，中文译本有几十种。（书的背景资料）

（2）作者圣埃克絮佩里是军人、飞行员、画家，喜欢喝着咖啡在餐巾纸上写作，“二战”期间在一次执行任务时失踪……其个人经历带有神秘色彩，对男孩有足够的吸引力。（书的背景资料）

（3）《小王子》的故事结构如下。

“英雄”离家远游：先后到七个星球去旅行。

追寻奇迹：“英雄”经历考验和诱惑，未达目的，继续前进。

找到答案：直至来到地球上，终于找到了答案。

结局："英雄"之"死"。（本书的摘要）

（4）这是一本非常难得的好书：薄；寓意深刻；不时地拿出来看看都会有所收获；让人伤感，但不悲伤。（自己的收获）

（5）看完《小王子》以后，我有一个想法非常强烈——"所有的大人都曾是孩子""所有的大人都应该是孩子"。（自己的收获）

（6）圣埃克絮佩里在故事中写道：大人只对数字感兴趣，如果你对大人说："我看到一幢房子，红砖砌的，窗前有天竺葵，屋顶有鸽子……"他们想象不出这房子是什么样的。要是有人说："我看到一幢房子，价值十万法郎。"他们会惊呼："多漂亮啊！"在《小王子》这本书中，作者经常对成人，以及成人世界那一套规则和行为进行嘲讽，那些嘲讽是很幽默也很深刻的。（自己的收获）

（7）《小王子》的翻译者之一马振骋写过这样一段话，或许可以成为理解《小王子》的一把钥匙："作者要大家明白地球很小，花儿很脆弱，就像人的出现是宇宙间各种条件奇迹般的凑合，羊要吃花朵，人虽给羊配上了嘴套，还是难免有疏忽，更何况嘴套上又忘了配一根皮带可以系上……这一切读了使人感到责任，拯救文明需要每个人的努力。"总之，这本书充满了象征意义，如果和孩子聊这本书，对"言外之意"的讨论是避不开的。星星、沙漠、火车、水、酒鬼、国王、点灯人、第二颗星球的爱慕虚荣的人、地理学家、商人、玫瑰、狐狸……都有象征意义。（有关本书的评论）

（8）这是一本奇妙的小说，故事的背景涉及航空、沙漠、地球空间、星星、宇宙等，尽管它具有童话的一切外观，但是孩子们读它，往往会觉得有些莫名其妙，甚至认为太平淡、太沉闷……（有关本书的评论）

2. 要有独特的角度

我曾听过一些老师的导读课。它们中规中矩，四平八稳，一般做四张幻灯片：第一张呈现书名，齐读；第二张呈现作者、出版社等信息，再读；第三张呈现内容简介，又读；第四张呈现精彩片段，还是读。老师一路读下来，一脸严肃样。他认认真真地介绍完了，可是孩子们对这本书没有一点儿阅读的欲望。

如果说导读有技巧，那么最大的技巧就是要找到一个新鲜的介绍这本书的切入点。我是这样介绍《小王子》的：

> 同学们，这是一张法郎，你知道上面的人是谁吗？（学生答“一定是法国的总统”）不是，不是，他只是一个作家，这个作家的名字叫圣埃克絮佩里。这个作家自己可能也没有想到，有朝一日自己的肖像、自己作品中的人物头像会被印在自己国家的钱币上。你不要以为这是一个埋头写作的职业作家，实际上，他是一个飞行员，是法国第一代飞行员。画画、写作是他的业余爱好。空闲的时候，他到咖啡店去喝咖啡，在餐巾纸上写作。写得多了，故事就出来了，这个故事就是《小王子》。现在蒋老师手里拿着的就是《小王子》，现在全世界都在读这个法国飞行员写的故事。可是，1944年，圣埃克絮佩里和他的飞机突然消失了。这件事成了一个谜。这个谜直到2008年才被解开——2008年3月，德国的一名纳粹飞行员里佩特出版了一本书《圣埃克絮佩里：最后的秘密》，这名德国飞行员在1944年7月31日下午2点30分发现了一架法国P38侦察机，这种本应该在高空飞行的侦察机，那时竟降到了2000米的高度。机会转瞬即逝，里佩特不假思索，立即俯冲过去，猛烈开火。侦察机中弹起火，拖着滚滚浓烟坠入大海，飞行员没有跳伞。后来，他了解到，圣埃克絮佩里就是在同一时间失踪的。里佩特真的无法接受这个事实，他在书中悲伤地写道：“如果我当时知道侦察机上的飞行员是圣埃克絮佩里，我绝对不会开火。”里佩特是个《小王子》迷，从小就梦想着能够当上一名飞行员，不可思议的是，战争让他们在充满硝烟的天空中相遇！

前面说了，《小王子》的作者圣埃克絮佩里是军人、飞行员、画家，喜欢喝着咖啡在餐巾纸上写作，“二战”期间在一次执行任务时失踪……这些带有神秘色彩的个人经历，对男孩有足够的吸引力。所以这次导读，在不违背事实的情况下，我在用词、语气、停顿等方面都努力强调这个“传奇”，效果明显。

那么，在导读时，还可以怎么做以有效地引发孩子的阅读兴趣呢？

①截取书里一个特别精彩的片段来读（那些特别好笑或者惊险的片段几分钟就可以点燃孩子的阅读热情）。

②概括地讲述前面的情节，读到悬念处，戛然而止……

③告诉孩子书中的人物和他很像（或者和他的朋友很像）。

④充分表达自己对这本书的喜爱。

⑤介绍这本书受欢迎的程度或者这本书的文学地位。

⑥增加自己和书的关联，例如，讲述自己和这本书之间的故事。

⑦借助相关影视作品（很多儿童文学被改编成了电影）。

⑧与作家产生联系，例如，给作家写信、请作家进校园……

3. 孩子自己也可以导读

在孩子们经历了几次老师的导读以后，老师完全可以通过组织“好书推荐会”的方式让他们推荐好书，让他们来导读。这种推荐既可以锻炼孩子们的表达能力，又可以锻炼他们捕捉一本书“优点”的能力。家长和老师可以对孩子的导读给出以下建议。

①导读前在镜子前做自我练习与修正。

②除作者介绍外，要对作品的背景做介绍。

③除了阐述书中的主要观点外，导读者一定要有自己的观点，并对书做一个整体的评价。

④对大部头的书，因受时间限制可采用归纳法。

⑤若是小说，加上人物分析，可以强化导读的张力。

⑥事先收集相关书籍内容做横向比较，可开阔导读的视野。

⑦导读时可以提出一些相关问题，以炒热讨论的气氛。

⑧若有补充资料，应事先印好供大家参考。

⑨导读当天尽量不要带稿子，将内容摘要写在卡片上，不要背稿子。

⑩上台前静坐几分钟，并想象一些导读成功的画面。

⑪安排一个高潮的开始，调动开场气氛，也给自己打气。

二、阅读

导读结束后，就进入阅读阶段，就是在一段时间里大家共同读完一本书。共读的方式主要有三种：大声朗读、持续默读和自由阅读。大声朗读在第一章中已有介绍，这里不再赘述；自由阅读就是让孩子们自己安排时间读完整本书，也无须多介绍。

1. 具体说说持续默读

目前，对持续默读的一般理解是：每周安排固定的时间让孩子们持续地、安静地、不受干扰地独立阅读图书（非课本或练习册）。根据《朗读手册——大声为孩子读书吧》的作者崔利斯介绍，持续默读的方法最早在20世纪60年代由美国佛蒙特大学的一位初级教员莱曼·C. 亨特提出，后来由两位研究阅读的专家罗伯特和玛琳·麦克瑞肯发扬光大。刚开始时，持续默读推广的过程并不顺利，因为这种方法看起来过于“简单”、“技术含量”低，做如此“简单”的事情好像与“培养终身热爱阅读的读者”这样的大目标相去甚远。但是，后来人们发现尽管持续默读的效果很难验证，但凡是开展持续默读的学校，持续默读的时间往往成为最受全校师生欢迎的时间，于是持续默读被越来越多的学校接受和认同。在应用持续默读时需要注意什么呢？

（1）持续默读要有一定的仪式感

为了强化这种仪式感，持续默读的时间最好相对固定，比如在吃过午饭之后。参加的人员最好也相对固定。每次活动的基本环节、时间要基本一致。每次持续默读开始前，美国的曼西女士都会在教室门口挂上告示牌，就是为了强化仪式感。

（2）持续默读要去除阅读功利心

持续默读的读物由孩子们自己选择，除了课本或练习本外几乎没有限制。当然，读书会的共读书目优先推荐。持续默读期间一般不需要孩子们提交任何阅读报告，也不要求他们做任何枯燥的阅读记录，甚至不去检查他们是否读懂了字、词、句 —— 要让他们觉得读书没有任何负担。围绕书的讨论是阅读后的事情。

（3）持续默读贵在持续

在开始持续默读之前，必须事先选好材料。孩子们独立阅读的时间必须限定在一个时间段内。老师和家长，可以根据各自班级和家庭的不同情况确定阅读时间的长短，在教室里，通常是 10 分钟或 15 分钟。固定的持续默读时间，如果没有特别的情况，不要取消或者调换。另外，老师自己也要坚持和孩子们一起读。当然，这一项规定不能执行得过于严格。老师不能为了读而读，执行得过于严格反而像表演 —— 应该自然些。

2. 发挥阅读单的作用

我个人偏好在孩子们阅读的时候，设计一些阅读单让他们去填写。

使用阅读单的目的是使孩子们先了解阅读后将要讨论什么话题，以便在阅读时特别注意相关内容。比如，如果希望着重讨论书中人物的性格，就在阅读单上设计此类题目：我欣赏书中哪个人？我觉得自己最像书中的谁？书中哪个人最让我气愤？

阅读单的设计要点是不要让孩子们觉得是在完成老师布置的作业，避免破坏他们的阅读兴趣。怎么做到这一点呢？第一，语言应简要、有趣，不要太“课业化”。比如，不使用“佳作摘录”这样的字句，而用“本书最让我喷饭的一段对白”，这样就比较生动活泼。第二，内容设计要由浅入深。对低段的孩子，可以只要求填写（或由大人协助填写）图书的有关信息（书名、作者名和出版社名等），再加上“很好看”“很有趣”“一般”等简单评价就可以了。随着年级的增加，可以适当增加一些内容，如内容提要、感受和体会等。老师要把握的是，既不能让阅读记录成为孩子们的负担，又不能让他们觉得它是无关紧要的琐事。第三，形式可以漂亮一点儿。例如，加个简单的花边装饰，或加入一个小插图（如表 2-1、表 2-2 所示）。

表 2-1　低年级阅读记录单

我来记下书中的人物

姓名______　班级______

表 2-2　中年级阅读记录单

《　　　　　　》阅读记录单	
姓名______	班级______
本书的出版信息	作者： 画者： 出版社： 得过的奖：

（续表）

《　　　　　　　　》阅读记录单	
本书的主要人物	1. 姓名： 特点： 2. 姓名： 特点： 3. 姓名： 特点： 4. 姓名： 特点：
所有的角色中，我认为写得最好的是	
本书情节的简要分析	1. 最紧张的一段： 2. 最有趣的一段： 3. 最令我回味的一段： 4. 有些乏味的部分： 5. 我看不懂的地方：
本书值得讨论的几个重点	1. 为什么 2. 假如 3. 4. 5.
如果要我选一段朗读给朋友听	我会选第（　）段，在（　）页
我会帮本书设计几句广告词	1. 2. 3.

三、讨论

一次成功的教学意义上的“讨论”一般会经历三个阶段：探索、聚焦和总结。

第一个阶段：探索阶段。这个阶段可以说是“有广度，未见深度”。这个阶段的讨论看起来没有焦点，比较随意，但这个阶段却是讨论的重要阶段。在这个阶段，应鼓励孩子们大胆进行脑力激荡，提出想法。看起来失焦、无效的前置，也有可能形成后续更清楚的讨论。

第二个阶段：聚焦阶段。孩子们经过探索阶段的混沌，过滤想法后进行深入探讨，萌发更多想法，渐渐地，讨论会聚焦在一两个重要的议题上。

第三个阶段：总结阶段。有效的讨论，应该建立讨论惯例。例如，每次讨论都应该有一个“有效开始”：讨论时，先请一两个孩子回顾上次讨论的发现，启动新的讨论；每次讨论也应该有一个“有效结束”：花几分钟时间总结今天讨论的目的与进度，预告下次讨论的内容。

讨论示例：《要是我不遵守规则？》讨论片段

探索阶段

师：读了《要是我不遵守规则？》这个故事，你们有什么想法呀？

生：我觉得故事里小菲卢的爸爸和妈妈很着急，因为小菲卢觉得只要没有警察就可以闯红灯，他们觉得小菲卢从小养成了不守规矩的习惯。

师：后来小菲卢是不是同意把车开慢一点儿了呢？

生：是的，因为爸爸妈妈给他解释，一个人要学会遵守规则。

生：因为爸爸妈妈讲了开快车的危险性，小菲卢担心自己和家人的安全，所以同意把车开慢一点儿。

生：我的想法不一样，我认为小菲卢同意把车开慢一点儿是因为他想看看路边的鹿爸爸和小鹿们。

生：我也觉得小菲卢没有理解爸爸的意思。

师：那是不是爸爸没说清楚？

生：我认为爸爸可能觉得现在向小菲卢解释这个问题还太困难，所以讲得不是很明确。

聚焦阶段

师：好，刚才我们聊了很多。到“爸爸长叹了口气”为止，这本书讲的是哪两个字呢?

生: 规则。

师: 对,这两个字要记住 —— 规则。这本书讲的是什么规则?

生: 交通规则。

师: 你们能再举个关于规则的例子吗?

生: 上学不能迟到。

师: 这是学校的规则。

生: 我家打扫卫生是轮流的,星期一是我,星期二是爸爸,星期三、星期四是妈妈,星期五是哥哥,再接着星期一又是我,那是定了规矩的。

师: 这是家里的规则,你们家一开始就有这张值日表吗?

生: 一开始没有。

师: 你是喜欢没有值日表没有规矩的时候呢,还是喜欢有值日表有规矩的时候呢?

生: 我喜欢有规矩的时候,以前我打不过哥哥,他力气大就强迫我干活,现在他不这样了。

师: 太好了,这就解释了人类为什么要制定规章制度,就是为了防止所有事情都由身强力壮的、有权有势的人说了算。

生: 我觉得不能偷别人的东西也是规则。

生: 老师,我觉得这是法律。

师: 法律和规则一样吗?

生: 不一样。

师: 不一样在哪里?

生: 法律指的是做错了事情要受到一定的惩罚,而规则则是如果做错了,也许会受到惩罚,但是不会像法律那么严重,可能只是被提醒。

生: 法律是比较重要的规则,是每个人都要遵守的;而规则是针对那种极其琐碎的事情、针对生活中一点一滴的小事的。

总结阶段

师：刚才我们在讨论规则，只要有人的地方就有规则，而这个规则是普遍的。“普遍的”是什么意思呢？就是这个群体里的所有人都得遵守。那法律也是所有人都要遵守的，法律和规则有什么不同呢？我们可以继续讨论。

“讨论”有以下几个要点。

① 读书会的讨论小组和协同学习小组有点儿不同，读书会一般不分配角色。总而言之，读书会的小组结构和讨论结构都不强，它更接近聊天。

② 在读书会团体里，每一个成员都是平等的，每一个人都有权利凭着自己的感觉发言，并且每一个人的发言与意见都必须被平等地对待与重视。

③ 在读书会团体里，严禁每一个成员对其他成员进行言语上的挑衅以及人身攻击，或是论断无关主题的他人之是非。

④ 在读书会团体里，每一个成员都要学习聆听别人的发言，尤其是在面对不同的意见与看法时，更要仔细聆听，避免断章取义或过分简化他人的意见。而在讨论中，为避免断章取义或过分简化他人的意见，可以凭借复述对方的意见与看法，以做确认。

⑤ 在读书会团体里，论辩时，每一个成员都要尽可能地学习以文本脉络为依据发言，或是从能印证讨论的自身经验出发发言。

⑥ 在读书会团体里，观点比文采更重要。

⑦ 无论是老师还是学生，参与讨论的一些技能都需要训练。

四、延伸

在班级读书会的组织、运作中，我们常常不把一部作品讨论交流的结束当作活动的终止。就像我们从事一项运动，相对激烈地锻炼之后，不应立刻停止，而要给自己一个缓冲。在缓冲阶段，我们会设计一些跟这本书有关的活动，这些活动相对轻松。

1. 艺术延伸

包括音乐、美术、戏剧和舞蹈等，可以让孩子们用画展示故事内容与人物，设计作品中的场景，为人物设计造型，为作品配乐，设计台词等。

2. 生活延伸

由作品阅读引向对生活的观察和思考，可以做访问调查，可以做比较分析。例如，读完《爱的教育》，可以让孩子们联系实际，找找生活中自己感受到的爱。

3. 自然延伸

由作品走进大自然，或者进行实验以验证书中所述的自然现象。

4. 肢体延伸

指以肢体活动为主要表现方式的延伸活动。例如，用动作表演作品、用橡皮泥表现作品形象等。

5. 文学延伸

进行续写、仿写等。

延伸活动看似随意开展，实则经过精心设计。有别于话题讨论的是，延伸活动并不需要完全扣住作品主题，它的触发点有时可能仅是作品的一个细节、一个局部，甚至一处闲笔。所以，要充分强调阅读是一种有趣的游戏，要最大限度地激发孩子们的探究欲、表现欲；同时，还可以对以上几种延伸方法进行整合。

五、聊书的流程变式

前面所介绍的，都是围绕一本书开展的班级读书会。其实，也可以让每个孩子看不同的书，然后开展读书会。这样的读书会的大致形式是怎样的呢？

1．围绕某一个议题开展群书阅读

首先要确定一个议题，这个议题最好是由小组成员从众多议题中挑选出来，同时能引发不同意见的。然后就是选择和这个议题有关的书来读。挑选书的过程最好也是头脑风暴式的，孩子们回忆、介绍相关图书的过程，实际上就是一个综合的激发阅读兴趣、扩大阅读视野的过程。最后，当孩子们各自分头阅读时，老师一定要强调要思考相同的议题，否则就会失去群书阅读的意义。

2．群书阅读的议题可以是从不同侧面设计的

（1）围绕某一个主题开展群书阅读后的读书会

现代读书会流行的主题很多，涉及心灵成长、亲子关系、两性沟通、潜能开发、生涯规划、人际关系、沟通技巧、家庭经营、医疗保健和人生哲学等。更具体点儿的，例如，引导儿童面对亲友死亡或是永远分离的主题阅读；引导儿童正面理解特殊儿童，进而建立同情（理）心的主题阅读；引导儿童认识自然以及学习与自然和谐相处的主题阅读等。

（2）围绕某一个作家开展群书阅读后的读书会

例如，在某一段时间内，孩子们可以集中阅读黄蓓佳、曹文轩等某一个作家的书，然后展开讨论，分析这个作家作品的特色。

（3）围绕某一种文学体裁开展群书阅读后的读书会

例如，在某一段时间内，孩子们可以集中阅读科幻小说、童话等某一种文学体裁的书，然后展开讨论，分析这类文学体裁作品的特色。

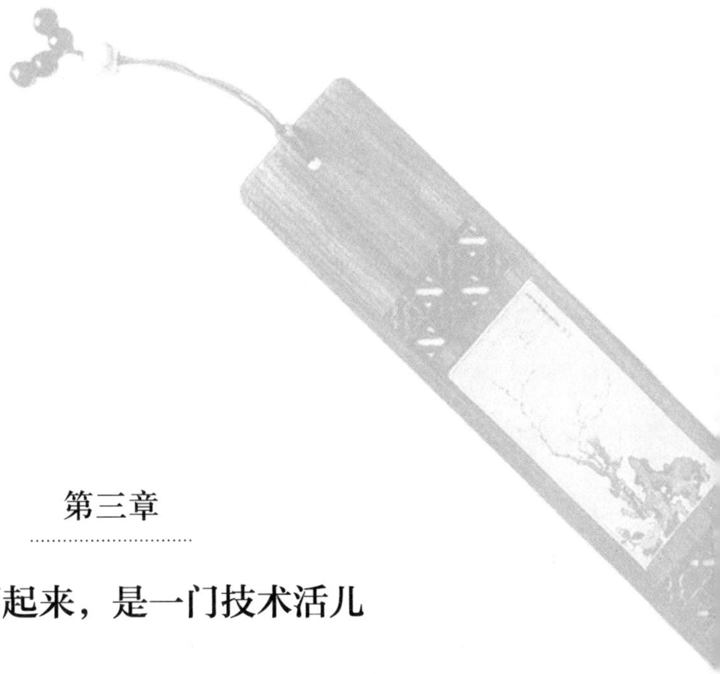

第三章

让孩子聊起来，是一门技术活儿

当你站在孩子们中间，尝试和他们聊一本书的时候，你会发现这件事不容易。孩子们有时不愿意说，有时无话可说，有时随便说说……作为大人，我们要有办法把“说话”变成讨论，变成分享。

聊书，最重要的是交流与分享。每个人的阅读收获是不一样的，阅读后的交流与分享可以提升大家的阅读能力。

近来，我一直在细致地观察、思考：怎样的环境才能让孩子们有交流的欲望，使他们愿意把自己的阅读感受和大家分享？我固执地认为，老师身上这张嘴才是我们最可以利用、最有开发潜力的教学工具。

我在一本书中了解到，美国的法兰克·麦考特就是一位聊书高手。法兰克·麦考特充分利用自己身上的这张嘴：当他发现学生依赖标准答案时，他鼓励学生有自己的想法；当学生的问题他无法解答时，他坦承自己的无知；当学生的学习停滞时，他调整既有的教学设想；当学生有偏差行为时，他展现高度的包容；当学生放弃自己的梦想时，他协助学生找回梦想。他努力自修，希望自己成为更好的老师。他认为教育最重要的目的，就是帮助学生从一个 F 到另一个 F，也就是从 fear（恐惧）到 free（自由）。他深知这个世界上没有人可以达到完全的自由，但他致力于驱走学生的恐惧。

我们每一位老师都要努力成为“法兰克·麦考特”。

一、首先是要提出好的问题

一次热烈的讨论往往起源于一个好的问题（话题）。很多老师抱怨，现在的孩子大多是沉默不语型的。下课的时候，个个就跟打了鸡血一样兴奋；一到课堂上，就进入“入定”状态 —— 懒得理你。

孩子这头当然有需要改进的地方，但老师首先要反思自己是否提出了能让他们有参与冲动的问题。如果你提出的问题是无趣、无聊、封闭、“课业化”的，孩子们很淡漠似乎也可以理解。那么，哪些问题，相对来说，孩子们愿意参与呢？

1. 诠释性问题

诠释性问题是相对于事实性问题而言的。事实性问题是指那些比较容易从书中找到答案的问题。例如，问书中的人、事、时、地、物的问题:《草房子》的主人公是谁?《小王子》中小王子游历了哪些星球?《西游记》中唐僧要去取经，结果是成功了还是失败了？你不要以为，只要是简单的问题，孩子们就一定会响应。就算他们及时响应，又怎样？如果课堂上永远只是简单的师问生答、简单的单向往来，就根本没有聊书的感觉。相对于事实性问题，诠释性问题则需要读者统整、分析、梳理书中的内容，然后依托文本得出自己的答案。例如，这本书中，最让人印象深刻（最令人爆笑、最窝囊、最伟大、最神秘、最可悲、最无情……）的角色是谁？这本书中，最适合拍成电影的情节是哪一段？这类问题乍一看有点儿难，实际上只要老师引导得当，更易激发孩子们参与的热情。

2. 开放性问题

开放性问题是相对于封闭性问题而言的。封闭性问题是指那些指向一个标准、统一的答案的问题，或者直接给出答案要求为答案寻求解释的问题。而开放性问题注重让孩子们从书中悟出自己的“哈姆雷特”，悟出适合自己的人生哲理和意义，注重让孩子们读出自己的观点。例如，你喜欢《夏洛的网》中的坦布尔顿吗？对这本书的结局你满意吗？这本书里，你觉得哪个章节还可以改进？一次，我和一个小团队讨论、设计李长之的《孔子的故事》的聊书话题，我们设想的无非是“孔子伟大在哪里”这样的问题，参与讨论的一个美国人坐不住了，他困惑不解:“你们为什么总是喜欢问这些‘封闭的没有选择余地’的问题呢？为什么不问一些‘开放一点儿’的问题呢？例如，你觉得孔子是伟人吗？你相信这本书所描述的孔子的事是真的吗？”说实话，当时这两个问题确实震撼了我。将心比心，如果我是孩子，碰到这些允许发表自己真实想法的问题，我会觉得自己得到了尊重。

3. 延伸性问题

延伸性问题是相对于陈述性问题而言的。陈述性问题可以直接从书中找到答案，多以“为什么”开头。延伸性问题，是根据书中的内容延伸出来的，多以“假如”开头。例如，你有没有遭遇过和书里相同的情况？书中的人物最像你生活中哪个熟悉的人？在你看来，书里哪些部分最贴近现实生活？这本书会让你重新思考自己那段类似的经验吗？

一个好的聊书话题是依据书籍联结生活的。

尽管有了方向，但是这仍不能保证你提出的问题是“好”的。当你发现你提出一个问题后，孩子们实在没兴趣或者实在没什么可说的时，不要强撑下去，一定要当机立断，中止讨论。别以为这是自打嘴巴，会让你威信扫地；相反，这会是一个成功的示范，孩子们会因此而尊重你，同时也会更乐意参与下一次全新的讨论。有一次聊书时，我就是这样做的。恰巧那时有一个老师在我的班里学习，看她那惊诧的表情就可以感觉到她对我实在有些失望。在她看来，一个教育行政部门为她指定的师傅就应该是没有失误的，是完美的，她还没有领悟到：老师要学会适时承认自己的错误和无知。

当然，聊书最理想的状态是不指定讨论的问题，连开放性问题也不要指定，而让孩子们从自己的问题中挑选一个来讨论。

二、教学组织，松散一些

很多人问：聊书跟语文课到底有什么不同？其中一点是教学组织不同。

教材是孩子们完善学科知识、提高语文素养的主要凭借，因此，设计阅读教学时必须有很强的目标意识，孩子们该知道的知识就要让他们识记，该达到的能力就要让他们练习，该掌握的方法就要让他们学习，该明确的态度、该明确的价值观就要让他们体会……在有限的时间内要达成多维教学目标，就要追求效率，强调效率，就往往需要老师在课堂上主动“引”“导”“教”“授”，就往往需要老师主动提出问题、提供话题。这样一来，问题转换、环节切换就比较频繁，导语牵引就比较多，就经常追求“层层推进、步步为营、环环相扣、起承转合、一唱三叹”的境界。

而聊书课相对松散、宽松，教与学的过程更多地被处理成探索与发现的过程，讨论是读书会的主要手段并成为其价值核心。也就是说，聊书主要是提供机会让一群人共同讨论所读过的书，带动他们去思考，去探索，去厘清自己的想法，不是让他们回答问题，而是让他们邀请伙伴一起思索自己感到困惑的部分，或者通过引导过程反省自己的生活经验。老师要学会等待，多听少说，多组织与观察，虽然参与讨论，但不主导讨论。

三、不用过度修饰和结构化的教学语言

一直以来，我认为好的教学语言就应该是优美的、文雅的、诗意的、讲究修辞的，总而言之，是要经过修饰的语言。我一直以为好的教学语言就应该是特殊的、节奏感强的、富有表现力的、极具感染力的，甚至是可以带些夸张的、结构化的语言。我相信，孩子们在这样的示范、影响下，耳濡目染，表达会逐步规范，语言品质会逐步提高。

一次赛课经历让我开始对“什么是好的教学语言”重新进行审视。那是一次公开赛课，我上《一夜的工作》。为了营造所谓的情境，整堂课上，我都是用低沉的语调，大段大段地说连接语。

> 是啊，你看到了一位鞠躬尽瘁的总理。如果总理的心里不装着人民，人民的心里又怎会装着他？同学们，我们的作者何其芳看到了总理一夜的工作，联想到总理一夜又一夜地工作，心潮澎湃，百感交集。请同学们读读课文的最后两个自然段，体会一下作者当时的心情。

课上完后，大家都说我的教学语言很好。在大家的赞扬声中，我有些飘飘然，当时一个急切的想法就是“我要在自己班里也上一下这堂课”。我真的带着满腔热情和期盼去上了。不是在大剧院里，没有了镁光灯，没有了摄像机，没有了2000多个听课者，我上了不到五分钟，我们班的孩子都在抿着嘴笑，他们觉得他们熟悉的蒋老师“疯”了，都不像正常人那样说话了。

聊书课、需要孩子们参与讨论的对话课，我以往所习惯的那套“过度修饰和结构化的教学语言”往往不适用了。每当我像一个主持人那样“拿腔拿调”地在课堂上说话时，师生对话总是受阻，几乎总是没有成功的讨论。因为这样的语言有时让人感觉不坦率、不真诚、不自然，让孩子们有距离感、隔阂感。这种距离感、隔阂感会让他们失去交流的欲望。我终于明白，就促进孩子们的交流欲望而言，过度修饰和结构化的语言，未必是好的教学语言，真诚和自然才是最重要的。

四、营造安全的讨论环境

聊书，有了好话题之后，还需要一个相对安全的讨论环境。在安全的环境中，孩子们才敢把真实的想法表达出来；在接纳与信任的环境中，孩子们才乐意分享他们的想法。

如何营造安全的讨论环境呢？

1. 不要老用“好坏对错”评判孩子的意见

我们已经习惯了把自己扮演得很威严——“为什么？”“你来说！”这样的话我们常常脱口而出。伴随的动作就是伸出食指，指指点点。孩子们听到这样的指令，感觉是在接受考查，总是害怕自己说错了。真的，问“为什么”是一种会让人打退堂鼓的开场白，是一种质询式的教学。我们能否找出一个替代的句子，可以让我们避免脱口问出“为什么”？我很喜欢英国儿童文学作家、儿童阅读专家艾登·钱伯斯的著作《说来听听：儿童、阅读与讨论》。“说来听听”，一听就让人感觉老师真的想知道孩子们的想法，老师想参与讨论，而不是站在讲台上进行质询。老师说这句话时伴随的动作是五指并排，掌心向上。在这样的探询、邀请中，孩子们自然就有了发言的欲望。

2. 讨论之前先“预告”

不知你是否经历过这样的讲座：专家在上面讲，突然就抛出一个问题。当然，有时抛出问题只是一种串联内容的演讲技巧，专家会自问自答罢了。然而，有的专家真的会叫你回答。这时，你会很紧张，因为这个问题专家已经思考很长时间了，而你是突然之间面对，而且因为信息不对称，你已经预感到你的回答专家不会满意，于是焦灼感在会场里弥散开来。因此，在自己的聊书课开始之前，我会通过预读单预告即将讨论的重点内容。这样，孩子们进入聊书课的现场时，因为有所准备，心里就不会那么紧张，也因为有备而来，讨论的质量也会提升。

3. 不要老给“正确答案”

钱伯斯曾经描述过这样一个聊书场景：阅读讨论开始后不久，一名学生有点儿不耐烦地问老师：“你究竟要我说什么呢？”这是一个学习者因误解而产生的疑虑。他认为学习的目的，就是要能把老师的想法复述一遍，所以当老师没有事先透露自己的想法时，他就会觉得困惑，又因为无从作答而觉得害怕、焦虑。大部分孩子，不论年纪大小，总希望能取悦自己的老师，而且他们多半认定老师懂得比较多，能提供问题的唯一正解。所以，一个好的聊书引领者，应该改变孩子们的这种心理状态，要让他们知道，只要有所依据，任何一种观点，老师都是非常重视和欣赏的。即使老师发表了意见，那也只是个人的意见，而不是“钦定”的观点。事实也是如此，师生共读一本书，学生心里是怎么个想法，老师是不可能懂得比学生多的。对一本书的好恶、解与不解之处，这些都在学生脑袋里，除非学生说出来，否则老师是不会知道的。

五、尽可能让孩子多说

聊书的目的就在于引导孩子们发掘自己的经验，并且和别人分享。说得通俗点儿，就是要让孩子们多说。

除了讨论的内容是否有足够的吸引力之外，如果你问老师在怎样的课堂上学生愿意多说，很多老师都会把目光聚焦在“人”上 —— 能说会道的学生一般有一个能说会道的老师。在他们看来，能炒热讨论氛围的老师，都有一些“手段”。例如，他们有丰富的串场技巧，他们的串场词绝对不只是报幕，往往还简短有力，偶尔加入幽默元素，临场幽默感一定是适时的并且能命中要害。他们瞻前顾后，对学生的发言很注意听，并做出准确的回应。

可是，在我看来，这些还不是最重要的，最重要的在于以下几个方面。

1. 不轻视任何浅显的意见

如果一个孩子兴冲冲地说出了他的想法，而他的老师说“这实在不用说了，因为这是尽人皆知的道理”，或者他的老师说“这不是明摆着的吗？这还需要你说吗”，那么可以想见，这个孩子在以后的阅读讨论中可能就会成为沉默者。当孩子们总是以为自己该说一些出人意料、连自己也未曾想过的话语时，在遇到该发言的场合时，就只好一翻两瞪眼，一句话也挤不出来了。总而言之，老师应该鼓励孩子们不要被“众所皆知”“理所当然”的观念束缚，只管大声说出已经了解的文本内容，进而探索、发掘未知的领域。

这样的过程可以让读者对文本产生全新的认识。事实上，在讨论过程中，有些观念也许不言自明，有些观念则未必如此。这就是为什么在“创意集会”的场合，有经验的与会者总是尽可能想到什么就说什么。即使是一些看来再明白不过的想法，只要与主题相关便抛出。这种方式，我们称之为“脑力激荡”。这些有经验的与会者很清楚，要想让隐晦的想法明晰起来，就得先把那些已经够清楚的念头筛选出来。

2. 老师，别急着发表高见

读者是唯一知道自己想法的人。正因如此，“说来听听”，开宗明义就是要小组成员贡献只有自己“知道”的想法，借此才能建立起对文本丰富、多元的认识。所以，在聊书过程中老师要想尽办法让孩子们多说。老师的角色就像会议主席，如果主席有意影响与会人员的想法，他多半就会先报告自己的观点，然后再问其他人对这些观点有什么看法。反之，若有心了解与会人员的想法，主席就会按兵不动，直到对与会人员的想法做总结时，才说出自己的观点。所以，好的聊书引领者会有意掌握一套“勾引”孩子多说的话语。

◎我待会儿再告诉你，现在我想先听听你有什么看法。

◎我的确打算谈一谈自己的看法，但刚才张三的发言挺有意思，我想多做了解，省得一会儿忘了问他。

◎我很乐意告诉你。还有没有人想发言哪？李四，我想你有话要说吧？

◎当然好啦，可是有一件事我老弄不懂，我倒是想问问你是怎么想的。

老师得不断地将讨论拉回到和文本相关的方向上，拉回到“哪些部分让你感兴趣”的主题上。正如孩子们必须相信所有意见都弥足珍贵一样，老师也要对控制全局有信心。也就是说，你得知道怎么回应、怎么提问、怎么带动讨论气氛。

刚开始主持“说来听听”的老师不免担心自己不能应付。要想树立信心，首先要在讨论进行之前，对选定的书有深入了解。对所要讨论的书了解愈深，你就愈能明白孩子们想表达的重点，同时也更知道怎么视情况提问。

同时老师还挺担心被问倒了，担心自己对全书未必全盘了解。其实，我们应该树立这样的观念：不是只有自己知道答案的问题才能提出来讨论。身为老师，我们应该坦然告诉孩子们自己虽然不是全知全能，但绝对愿意和大家一起动动脑，试着找出答案。等有了经验，主持上手之后，老师要敞开心胸观察一本书能被讨论到什么程度，要放手让孩子们激荡出各种想法。

别忘了，千万不要想一次就“搞定”所有讨论，以免弄得人困马乏，人人都失了胃口，留点儿问题下回再议无妨；要让一些问题悬而未决，让孩子们保有“继续挖宝”的期待，让他们想要多谈谈这本书。

3. 等待，等待，再等待

我们总是以为机智、快速、热烈的阅读讨论是好的讨论。我们好像很怕等待，很怕那两秒、五秒的安静，以为那就是“冷场”。试想，如果你问的是一些有质量、有一定难度的问题，那么孩子们正常的反应就是困惑不解，不敢轻易发言。长时间思考、异质讨论，都需要时间，都需要老师耐心等待。等待之后，孩子们因为有所思考和准备，才敢说，才能说。然而，通常我们的讨论节奏太快，快得已经没有了让孩子们思考、交换意见的时间。我们经常可以看到这样的课堂场景：老师提出问题后，就带着期盼的目光寻找举手的孩子，就那几个反应特别快的孩子一说，问题就已经从提出走向终结——问题的解决过程成了一小部分“精英”思维训练的过程。我们经常可以看到这样的课堂场景：老师让孩子们讨论，可不到一分钟，老师就做着强硬的手势让所有孩子停止讨论，坐正聆听。

等待一段时间之后，如果发现孩子们确实遇到了无法克服的困难，老师当然可以也应该出手相助。因为小学生的阅读经验还不够丰富，阅读技能还不够完善，老师对一些阅读重点进行提示，对一些阅读方法进行指导，提出一些阅读要求，可以有效地帮助他们克服阅读困难，对后面讨论活动的开展也很有帮助。

当然，帮助到什么程度，老师要根据当时的情况来判断。很多人认为，老师在“如何读”上过度干预孩子，或许会带来一定的负面影响。例如，影响孩子自己阅读时对作品丰富性和复杂性的认识；例如，老师的主观倾向或其他原因造成孩子对名著理解的偏差，因为读者只有自己反复阅读，才能真切地体会到名著所蕴含的深刻的思想、独特的语言风格和娴熟的艺术技巧。

六、老师，要富有“解释智慧”

坦率、安全、自由、充满信任的讨论氛围，已经是非常理想的氛围了。如果要进一步改进，努力的方向是什么？启发来自一次我到北京上课的经历。那时正值暑假，召集学生有些困难，最后来上课的只有 26 名学生。我之所以对学生数有如此准确的记忆，是因为当时听课的张华教授（华东师范大学）非常认真地做了一个“另类”统计：“蒋老师的这节课，全班 26 位学生，总共有 48 人次发言，并且这 48 人次中，有 27 人次是男生。而且，这些‘发言’不仅仅是朗读或者有感情的朗读，更多的是表达观点和对观点进行解释。整堂课以一种理智的力量，帮助学生层层深入地提升对问题的思考、对语文的理解。”为什么能有这样的效果？张华教授认为，我在和学生交流的过程中富有“解释智慧”：有时候呢，重复一下学生的回答；有时候呢，提炼一下学生的回答；有时候呢，把学生想表达但没表达清楚的想法替学生说出来；有时候呢，梳理一下学生相同、相近、相似的想法；有时候呢，调整一下讨论的方向。于是，我也开始慢慢认同“解释智慧”是教师专业素养中非常核心的要素，提高自己的“解释智慧”成了自己自觉、明确的追求。因为小学生发表自己想法的能力还在发展中，聆听别人看法的能力还需要多磨炼，响应别人看法的能力还有待多练习，综合与归纳小组想法的能力要走的路还很远，老师适时的切中要害的点拨、引导可以让他们将注意力集中在思考、讨论的内容上面。

下面这个例子（如表 3–1 所示），或许可以说明我在老师“解释智慧”方面的努力。

表 3-1　《鲁滨孙漂流记》阅读教学片段比较

《鲁滨孙漂流记》阅读教学片段一	《鲁滨孙漂流记》阅读教学片段二
师：请大家再读一读这张“好处坏处对照表”，待会儿说说你的想法。 生：我想，鲁滨孙把好处和坏处对照起来看，是为了找到“聊以自慰”的事情。 师：那“聊以自慰”是什么意思呢？鲁滨孙是如何“聊以自慰”的？请你们说说自己的看法。 ………… 师：同学们，鲁滨孙在荒岛上坚持了28年，究竟是什么力量支撑着他？读了对照表后，能再说说你的想法吗？ 生：我觉得鲁滨孙的心态非常好。 生：我感觉鲁滨孙在困难面前态度很乐观。 生：我觉得鲁滨孙是一个知足安命的人。 师：你在生活中一定也碰到过这样那样的困难，看到鲁滨孙在困难面前如此“聊以自慰”，你有什么新的想法？	师：同学们，请大家仔细阅读“好处坏处对照表”，把左边这一栏和右边这一栏比较着看，待会儿结合这张对照表，交流我们自己的发现。 生：我发现这张对照表左边的内容和右边的内容是一一对应的。 师：为什么你说它是一一对应的呢？你能举例证明吗？ 生：我看到……所以我觉得它是一一对应的。 师：哦，他从这个角度谈了自己的看法，还有其他发现吗？ 生：我觉得鲁滨孙写这张对照表，是为了安慰自己，帮助自己渡过难关。 师：你为什么有这样的感觉？你能结合这张表解释一下原因吗？ ………… 师：今天我们像鲁滨孙那样孤身一人流落荒岛的可能性很小，看了这张表格你又有什么启发呢？

表3-1左边是我第一次上《鲁滨孙漂流记》时的课堂实录，开始时自我感觉挺满意，后来在赵镜中老师的提示下，又上了一次，问题是同样的问题，但是我有意增加了一些“思考性词语”。例如“比较”，这是阅读方法的具体指导；例如“发现”，这是提醒孩子们要说以前没有过的原创性的观点；例如“证明”，这是提醒孩子们要回到文本中找出相关的线索和依据；例如“角度”，这是暗示孩子们既然有这个角度，就有另外的角度；例如“感觉”，这是提醒孩子们即使是模模糊糊的想法也可以大胆说出来，不需要很精确，不需要很严谨。所以在一段时间里，我开始搜集“思考性词语”：推理、感

觉、理解、质疑、相信、反思、下结论、决定、辨明、确定、展示、批判、启发、考虑、依据、观察、查找、想象、猜测、直觉、判断、选择、解释、意见、预测、观点、想法、赞成、反对、假设、回顾、原因、关注、比较、联想、发现、体会、感悟、估计、分析……

七、帮助孩子学会一些讨论技巧

无论是老师指定话题还是孩子们自定话题，老师都不主导讨论，这是聊书的努力方向。在聊书过程中，老师要学会等待，不要急着给解释，不要冲动地去回应。但是，这并不意味着老师可以闲在一旁，老师可做的事很多。例如，老师要更专心、敏锐地判别，将非问题主线内的一些发言与讨论暂时搁置，避免讨论失焦、动力中断。例如，在其中几个小组旁听，必要时替孩子们做一些澄清或提供进一步探究的方向。

聊书过程中，不再以老师说话为主，而是以孩子们说话为主。孩子们不断地说话、讨论、交换意见，有时讨论会遇到困难。例如最常见的小组“意见不合”，你要知道这样的困难可能只是“表面现象”，深层次的原因是缺乏支撑讨论所需要的特定的社会互动技能。

所以，老师要帮助孩子们掌握支撑讨论所需要的特定的社会互动技能，否则，别说讨论的成效，连维持基本的秩序可能都会成问题。

小组讨论所需的技能

组成小组的技能

1. 高效率地组成小组；2. 向他人打招呼；3. 自我介绍——介绍他人；4. 对人讲话时称呼名字；5. 结束小组活动时说再见。

小组活动的基本技能

1. 表达感谢——对感谢的应答；2. 注意听他人讲话；3. 赞

扬 —— 对赞扬的应答；4. 耐心等候 —— 尽量不让他人等候；5. 求助 —— 提供帮助；6. 道歉 —— 接受歉意；7. 鼓励他人参与 —— 积极回应鼓励；8. 提问 —— 对提问的应答；9. 拒绝 —— 对拒绝的应答；10. 给予指令 —— 按指令去做；11. 有礼貌地打断别人讲话 —— 有礼貌地接受被打断；12. 用幽默的方式帮助小组继续活动；13. 让游离在外的小组成员回到活动中；14. 解释；15. 观察和评论小组活动情况。

交流思想的技能

1. 制订计划；2. 提建议 —— 对建议的应答；3. 询问原因 —— 提供原因；4. 寻求反馈 —— 提供反馈；5. 批评 —— 对批评的应答；6. 有礼貌地表示不赞同 —— 对不赞同的应答；7. 检查听得是否准确；8. 检查理解是否正确；9. 说服他人；10. 妥协；11. 总结。

为了提高合作的质量，老师不妨开发孩子们的“自省智能”，主动设计一些量表，让他们依据量表对自己小组的合作学习状态或合作学习过程经常进行反思，从而让某一特定合作小组进入一种“不断反思 —— 不断调整”的良性循环中。

下面就是从不同维度出发设计的两个量表。

量表一

同学们，你们可以用“根本没有”“有一些”“非常”来回答量表中的问题。

倾　听

1. 当我们遇到问题时，我们倾听每个人的想法。(　　)

2. 我们采纳每个人的至少一种想法。(　　)

3. 我们鼓励每个参与者分享自己的想法。(　　)

明确责任

1. 每个任务都邀请自愿者。(　　)
2. 每个人选择一个有意义的任务。(　　)
3. 为了鼓励参与，进行角色轮换。(　　)

看重每个人的天赋

1. 我们描述小组中每个人的长处。(　　)
2. 我们确定每个人最喜欢干什么。(　　)
3. 当同伴遇到困难时，我们给予鼓励。(　　)

示　范

1. 每个人都有机会在小组活动中展示自己最出色的一面。(　　)
2. 我们鼓励每个人给小组带来最出色的工作。(　　)
3. 我们一起设定追求优秀的目标。(　　)

促进幽默

1. 我们一起哈哈大笑。(　　)
2. 我们不嘲笑别人的努力。(　　)
3. 我们一起分享工作的快乐。(　　)

量表二

同学们，我们可以通过一系列简单的问题回顾小组合作的经历。

对课程内容进行反思可以提以下问题

1. 今天的主要目标是什么？
2. 每个成员提供了什么事实？是怎样提供的？

3. 对这个主题还有什么不了解的？为什么？

4. 小组还可以怎么做，以便收获更大？

5. 小组成员感到哪些内容有趣？

6. 小组成员的背景知识够吗？

7. 为了实现小组的全部目标，可以制定怎样的小目标？

对过程进行反思可以提以下问题

8. 每个成员讲话用了多长时间？谁说得最多？为什么？

9. 每组成员是否互相提问？是否等待对方的回答？

10. 组员之间是如何相互鼓励参与的？

11. 激发动机的努力起作用了吗？为什么起作用？或者，为什么不起作用？

对态度进行反思可以提以下问题

12. 小组工作中什么是我特别擅长的？

13. 一起学习以来我有哪些改进？

14. 我还要再做些什么？

对讨论进行反思可以提以下问题

15. 用什么话来描述我的讨论？

16. 一起讨论时我是否做出了自己的贡献？

那么，如何让孩子们学会一些必要的讨论技能呢？我们可以尝试运用迷你课程。迷你课程，顾名思义，就是这个课程时间短、教的内容也少。比如，我们可以利用一段较短的时间直接教孩子们一个或几个具体的讨论技巧。下面就是一位老师设计的一个迷你课程。

1. 提出一个话题，组员围绕话题讨论。

2. 中断讨论，提出本次讨论的具体规则：①要轮流说话；②要说跟主题有关的话；③别人说话的时候要注意听，不要插嘴。

3. 观察组员在讨论时是否违反规则。如违反，黄牌警告；如黄牌警告后没有改善，红牌警告，暂停讨论。

4. 讨论结束后对“讨论”本身进行点评。

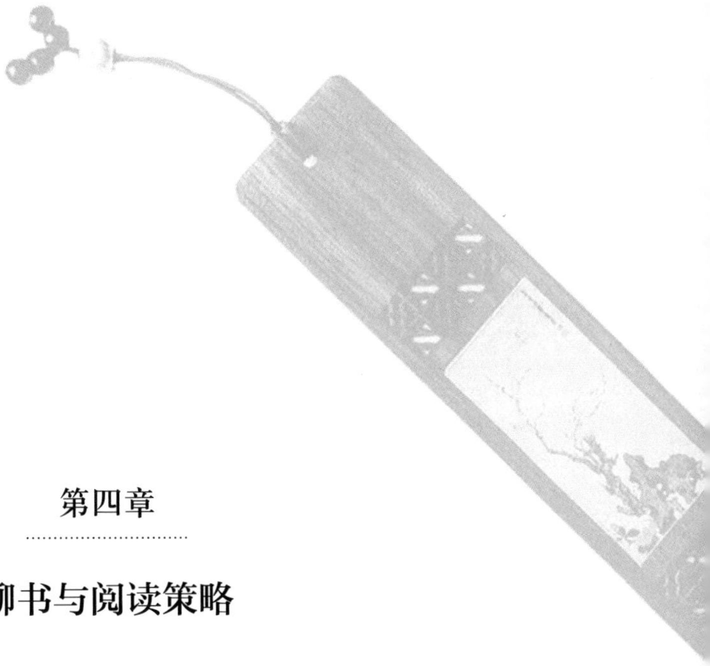

第四章

聊书与阅读策略

阅读一定是可教可学的，要让孩子成为阅读高手，教给他们阅读策略是避不开的。

孩子不是天生会阅读的，阅读是可以教的。

教什么？教阅读策略。

阅读策略指的是为了达到阅读目标所采取的一系列阅读方法和技巧。

研究班级读书会，研究聊书，一件重要的事，就是收集许许多多人的阅读经验（包括自己的），然后把它们提炼为阅读策略。

一、有哪些重要的阅读策略

对现在的孩子来说，学习、掌握下面的阅读策略，显得相对重要而紧迫。

预测和推理：根据已有的信息对故事的结局、情节的发展、人物的命运、文章的观点等进行预测和验证。

启动先备知识：在阅读之前首先回忆与文章有关的知识，例如文章的写作背景、时代背景，作者的生平、思想及写作意图等，可以使我们头脑中已有的知识被激活，处于备用状态。

图像化：将文字图像化、情境化，创造心象。

整合资讯：将那些看似散乱无序的资讯提升为系统化的知识。

自我监控：监控自己的阅读理解。

联结：书中的联结、和另一本书的联结、已知事物和新资讯的联结、和生活的联结。

问问题：从不同的角度问自己问题。

1. 预测和推理

虽说所有阅读无碍的读者都会预测，但有些读者的预测似乎比别人更精确、翔实一些 —— 这多半跟他们的阅读经验有关。

我们所要做的，就是在聊书的过程中，将孩子们的预测转化为一种有意的行为，然后通过反复练习，让他们将此策略融入自己的阅读风格中。

预测能力强的读者会边读边问接下来会发生什么事，然后为了确认或修正先前的预测而继续往下读。下面这些问题可以帮助我们做出推断或导出结论。

> 你从书中第（　）页人物的话中了解到了什么？
> 看了题目，你觉得文章可能会讲什么？
> 看了第一段后，你觉得文章可能会讲什么？
> 根据这个事件，你能推断出此人可能会做什么吗？
> 这个事件、决定、冲突可能会造成什么后果？
> 你用书中的什么资讯做预测？

（1）预测的内容多元，推理要强调线索和依据

预测的内容是非常多元的。情节的发展、故事的结局、人物的命运、文章的观点等都可以作为预测的内容。

当然，孩子们在练习预测时，老师应该学会追问："你为什么做出这样的预测？"要让他们回到文本中去找原因，老师应该强调线索和依据。有一个老师在孩子们刚看到《猜猜我有多爱你》的封面时，就让他们猜"小兔子拉着大兔子的耳朵在说什么"。答案五花八门，稍微靠谱点儿的，无非就是说小兔子在对大兔子说："猜猜我有多爱你。"当时的问答过程很热闹，孩子们发言踊跃，但仔细想来，却没多少实际意义。因为孩子们在回答这个问题时，唯一可以参考的线索只有书名，而且这个线索与答案不存在必然的联系。没有线索和依据的预测，对培养孩子合理、智慧的预测能力毫无帮助。

（2）线索和依据主要来自三个方面

第一，个人已有的背景知识。我在和孩子们聊比安基的《戴脚环的大雁》时，就让他们预测白额雁被放飞之后可能会遇到什么困难、危险。有的预测它将遇到它的天敌——老鹰之类的猛禽；有的预测它将遇到暴风雪等自然灾害；有的预测它因为驯养时间长而跟不上自己的队伍——大雁是最怕孤单失群的；有的预测它会命丧于猎人的枪口之下。这些预测并非胡乱猜测，而是有理有据，但这种理据不是来自文本，而是来自他们的背景知识，他们的背景知识来自生活积累、学习储备。只要有所依据，这样的预测就值得肯定。

第二，文本中的有用细节。那些情节丰富的小说，哪怕是经常设置意外和惊喜的侦探、探险类小说，也总有一些细节作为伏笔藏在其中的各个角落里。有经验的读者在阅读时就会下意识地去注意它们，因此，侦探小说是锻炼孩子们预测能力的很好的小说类型。

第三，阅读同类文本的经验。我曾经让孩子们预测冰岛的创世神话，按理说，他们的预测在没有暗示和规范的前提下，应该是丰富多元、特色分明的。但是，令人预想不到的是，孩子们的预测竟然大同小异。这并不是因为这个班的孩子想象力贫瘠单一，而是因为之前我让他们读了许多创世神话，他们从同类文本中提炼出了创世神话的规律——一些神话母题，他们的想象因为阅读同类文本的这些经验而趋向合理，他们的想象重视了依据。

（3）知识性文本也非常适合练习预测和推理

不光在小说等文学作品的阅读中，在知识类书籍的阅读中，预测也运用得越来越广泛。

例如，阅读议论文，先研读题目，猜想作者可能会提出什么论点、可能会采用什么论据、可能会运用什么论证方法，然后再读下文。

再如，阅读新闻报道，从标题开始边读边思考，读导语、背景、段落、结尾时，都不停地思考、猜想作者会怎样写，有哪些长处、不足，我从中能得到什么启发等。

有经验的成熟读者拿到一本新的知识类图书，看到书名时会想：如果我来写这本书，我会写哪些内容，然后到目录中确认自己的预测。如果从目录中看到一些自己没有想到的、富有创意的内容，这类读者就会感到惊喜并迫不及待地去阅读。在阅读前他们又会习惯性地在极短的时间内预测里面的具体陈述，以便更快地抓取有用信息。

2. 启动先备知识

毫无疑问，读者在阅读文本时都是带着已有的知识和经验去理解的，所以同一个文本在不同的读者那里意义不同。

认知心理学中的基模理论认为，倘若孩子的背景知识有限，在他们阅读前补充必要的知识，能增进他们理解与投入的程度。例如，孩子们读《江雪》，读“孤舟蓑笠翁，独钓寒江雪”这句诗时，如果你问他们“这位老翁为什么要在寒江中垂钓”，他们的答案可能会让你哭笑不得。有的说：“可能是老翁家境贫穷，他钓鱼是为了贴补家用。”有的说：“他一定非常喜欢钓鱼，喜欢户外运动。”面对这样的答案你可以忍俊不禁，但不能简单地否定与批评，因为孩子们并不了解这首诗的写作背景，并不知道柳宗元的身世经历——柳宗元出身名门，少有才名，早有大志，入朝为官总想成就一番事业，他积极参与政治改革，可是革新失败，被一贬再贬，《江雪》这首诗就是他的人生处于低潮的时候写的。当孩子们了解了这样的背景知识时，再来理解那个问题，就会体会到冰天雪地、寒江，没有行人、飞鸟，一位老翁独处孤舟、默然垂钓的诗境，实际上是诗人当时孤独处境的一种象征，诗人借此抒发自己遭受迫害的抑郁、悲愤之情。

所以，一个好的读者会运用已有的知识和经验，帮助自己理解阅读的内容。

一个好的读者在阅读一篇文章之前，会先回忆与文章有关的知识，例如文章的写作背景、时代背景，作者的生平、思想及写作意图等，使其被激活，处于备用状态。这些先备知识概括起来，主要有三个：①与文章内容有关的知识；②有关文章组织结构的知识；③自然、社会等方面的知识。

3. 图像化

帮助孩子们提高图像化能力的过程艰难而漫长，主要方向有两个。

(1) 让孩子们多读有情境感和画面感的文字

什么样的文字是有情境感和画面感的？台湾的李玉贵老师做过一个实验，让孩子们比较阅读《巨人的花园》教材版和原著版，结果绝大多数孩子喜欢原著版。其中一个孩子的意见很有代表性："原著让我容易看见故事里的景象，作者描写得很详细，使我好像看见了一张张图片，头脑里好像有一个画面印在里面。"

以下是人教版课标本四年级上册中《巨人的花园》和原著《自私的巨人》巴金的译文对举。

[原著] 每天下午，孩子们放学以后，总喜欢到巨人的花园里去玩。

这是一个可爱的大花园，园里长满了柔嫩的青草。草丛中到处露出星星似的美丽花朵；还有十二棵桃树，在春天开出淡红色和珍珠色的鲜花，在秋天结着丰富的果子。小鸟们坐在树枝上唱出悦耳的歌声，它们唱得那么动听，孩子们都停止了游戏来听它们。"我们在这儿多快乐！"孩子们互相欢叫。

[教材] 从前，一个小村子里有座漂亮的花园。那里，春天鲜花盛开，夏天绿树成阴，秋天鲜果飘香，冬天白雪一片。村里的孩子都喜欢到那里玩。

[原著] 他看见一个非常奇怪的景象。孩子们从墙上一个小洞爬进园子里来，他们都坐在树枝上面，他在每一棵树上都可以见到一个小孩。树木看见孩子们回来十分高兴，便都用花朵把自己装饰起来，还在孩子们的头上轻轻地舞动胳膊。鸟儿们快乐地四处飞舞歌唱，花儿们也从绿草中间伸出头来看，而且大笑了。这的确是很

可爱的景象……

巨人看见窗外这个情景，他的心也软了。他对自己说："我是多么自私啊！现在我明白为什么春天不肯到这儿来了……"

［教材］巨人激动地跑到花园里，他看到花园里草翠花开，有许多孩子在欢快地游戏，他们大概是从围墙的破损处钻进来的。孩子们的欢笑使花园增添了春意。可是巨人又发脾气了："好容易才盼来春天，你们又来胡闹。滚出去！"孩子们听到可怕的训斥，纷纷逃窜。与此同时，鲜花凋谢，树叶飘落，花园又被冰雪覆盖了。

比较之后不难发现，原著中有许多场景描述。这些描述看似与情节无关，增加了孩子们的阅读量，增加了孩子们的阅读负荷，实际上却能让他们产生共鸣，帮助他们建立整个故事的图像、人物形象，帮助他们建构场景，让表面上看起来是文字阅读的认知活动，同时在心理上产生图像建构，以协助理解。这样的文字就是情境感和画面感比较强的文字。

可惜的是，原著入选教材后，多数场景描绘被删去。因此，很多时候，要让孩子们读到情境感和画面感比较强的文字，就要到原著里去寻找。

（2）多做图像化的交流

如果一个孩子说"作者描写得很详细，使我好像看见了一张张图片，头脑里好像有一个画面印在里面"，实际上，他已经是一个图像化能力比较强的读者。我们需要做的是，帮助阅读策略不足的孩子形成一种自觉。怎么帮助？聊书时通过问题促使他形成这种意识。

读这部分时，你看见了什么？

这个人如何走路、穿着？他（她）长什么样？

你能够从故事中找出帮助你看见一个地方或一个人物模样的文字吗？

什么故事细节帮助你在脑海中描摹出一幅景象？

什么地方让你难以在脑海中描摹出一幅景象？

4. 整合资讯

阅读时能关注细节当然是好事，但如果一个读者因为文本中形形色色的细节与资讯而陷入泥淖，不会整合、梳理，这对他来说，就是一场灾难，阅读知识类书籍时更是如此。

我们身处信息“碎片化”时代，每天都主动、被动地接收到各种零散的信息，但我们要能看到事物之间的关联，要学习整合，将那些看似散乱无序的信息提升为系统化的知识。我们要帮助孩子们学习如何面对阅读的挑战。

现在无论是在国内还是在国外，语文教学，都非常重视帮助孩子们形成整合资讯的能力。在国内，到了五、六年级，概括段落大意和概括文章主要内容，几乎是各地小学语文测试的必考题。而国外呢？透过《美国语文》文后练习题和“国际阅读素养进步研究”试题，我们可以看出一些端倪。

> 你觉得在这本书中，作者想告诉我们什么？
>
> 围绕这篇文章的主旨——家庭、希望、梦想、金钱等，说说你的收获。
>
> 这本书主要讲了一件什么事？
>
> 你能从书中选出二、三或四项主要事件吗？
>
> 本章的目的为何？本书的目的为何？
>
> 你能说清楚这两个角色之间的异同吗？
>
> 你能从书中找出代表主旨的句子吗？
>
> 你能告诉我这一页、这一章何者重要吗？你是怎么知道的？

这些题目都出自《美国语文》。一个成熟的读者，是不会害怕面对这些问题的。这些问题可以帮你探究主旨，帮你整合零散的信息。我们要通过这样的练习，让孩子们学习如何“在一串论点后，归纳出重点”“归纳文章的主旨”“清楚地分辨出文章的整体信息或主题”。

5. 自我监控

所有读者都会碰到困惑难解的文章。

一个“自我监控”能力强的读者经常会自问：“我是否明白文中的意思？”相反，阅读能力偏低的读者则倾向于跳过艰深的段落和不熟悉的字词，即使心里感觉那些资讯可能是很重要的。如果阅读时，总是跳过不懂的部分，或只选择想要知道的部分，就会导致孩子的理解力降低，以后孩子面对“任务型”阅读的时候，就会饱受挫折。如何增强孩子们的“自我监控”能力呢？就要在聊书时经常让他们面对下面的问题。

文章言之成理吗？

有没有字词或语句把你难倒？

重读那部分，想想那部分是否合理。

重读，看看你是否能够记得更多。

寻找那本书中人物的名字、特定地点等，想想有没有需要重读的地方。

关于这个主题你已经知道了些什么？

一个“自我监控”能力强的读者会试用不同的阅读方法帮助自己理解。下面这些方法，就是他们常用的消除阅读困惑的方法。

再读一次：针对不懂的部分或某一章节重读一遍，以提升理解水平。

速读：很快读过去，一方面可加速掌握阅读重点，另一方面可节省阅读时间。

调整阅读速度：依文章的情况，重点部分读得更细心些。

省略不读：根据阅读目标，某些部分略过不读，关注重点部分。

反复推敲：遇到新词、难句、理解困境时，联结先备知识或相关线索，以寻求阅读理解。

利用上下文：遇到生难字词，可利用上下文猜测字词的意义，或推敲句子的意义，来了解文章的内容。

利用插图：插图通常都很醒目，它说明的常是重点概念，具有画龙点睛的作用。

寻求外部资源：请教老师、父母、同学或他人，让他们来解决阅读理解的难题。

6. 联结

读书就是要联系生活，关注当下。例如，有一位读者读了《西游记》，认为每个人都是猪八戒，都有原始的欲望，都好吃懒做；每个人都是孙悟空，儿童时代都是自由自在、无拘无束的，想法都是天马行空的，但随着年龄的增长，在“社会化”过程中，外在的干预和约束也越来越多，头上都戴上了“紧箍”；每个人也都是唐僧，因为受过“教育”，尤其是有了宗教信仰后，就会自我克制、自我约束。这就是在做联结。他们会从别人的故事中想到自己，会用旁人的经验来指导自己的生活。

一个好的聊书人，除了善于提问，也善于建构话题，通过话题联结书本与生活。例如，一位老师和孩子们一起读完了黄蓓佳的《我要做好孩子》，他就和孩子们聊一聊究竟怎样的孩子算是“好孩子”。还有一位老师和孩子们聊了两年《西游记》，所聊话题均是从《西游记》的故事情节、人物境遇引申出来的生活话题。很明显，这样聊书的主干目标就是——这本书可以为我们带来什么启发，可以改变我们什么。下面的十三堂《西游记》聊书课话题都是联结生活的，借鉴意义很大。

第一堂课：平凡好？还是不平凡好？

第二堂课：如何好好地生气？

第三堂课：过程比结果更重要

第四堂课：诱惑并不可怕

第五堂课：只会哭是没有用的

第六堂课：道歉也需要艺术

第七堂课：关注你的拳头

第八堂课：说话不算话的后遗症

第九堂课：交换东西的分寸

第十堂课：小心有人骗你

第十一堂课：团结力量大

第十二堂课：被误会了怎么办？

第十三堂课：课程回顾 —— 我有了哪些改变？

7. 问问题

熟练的读者在阅读前、中、后都会提出问题。

一个善于自我提问的读者，会对问题进行分类。他们会对问题进行个性化的分类，并将其运用于阅读实践中。试想，一个读者心中如果没有科学问题和人文问题的区分，他在阅读时就会“过于理性化”或“过度人文化”。心中有了明晰的科学问题和人文问题的区分后，人们在阅读科学书籍或人文书籍时就会自如地转换提问的方向。

下面是我对人文问题的分类，对我个人确实很有帮助。

解释类问题

定义：能够对事件、行为和观点等进行恰当、准确的解释和推理。

问题举例：

为什么是这样的？

这个事件产生的原因是什么？

为什么会有这样的影响？

我们如何证明它？

它与什么相联系？

它是如何运作的？

这说明了什么？

阐明类问题

定义：说明、解说、转述，从而阐明某种意义。

问题举例：

这意味着什么？

为什么会发生这样的事情？

它阐明了哪些人类体验？

它和我有什么联系？

它有什么意义？

应用类问题

定义：在不同情境中有效利用知识的能力。

问题举例：

我在哪里可以使用此知识、技巧或过程？会以什么方式使用？

人们在学校以外的地方以什么方式来应用此知识？

我应该如何调整思维与行动来适应某种特殊情况的需要？

洞察类问题

定义：具有批判性思维的洞察力。

问题举例：

这是谁的观点？此观点的优势在哪里？

要想使此知识外化，默认的条件是什么？

在这些条件中，哪些是正当的、有保障的？

证据充分吗？合理吗？

此观点的优势与劣势是什么？它的局限是什么？

既然如此，又该如何改进呢？

事情为什么会这样？

从另外的角度来看，这个问题的价值会不会更清楚一些？

我的批评者们是如何看待这个问题的？

神入类问题

定义：进入其他人情感和世界观内部的能力。

问题举例：

这件事发生在你身上会怎么样？

我不这样做，他们会怎么看？

我要理解这件事，需要什么体验？

艺术家或表演者的感觉、理解是什么？

自知类问题

定义：知道自己无知的智慧，知道自己的思维模式和行为是如何帮助或妨碍了理解的。

问题举例：

我的理解的局限是什么？

我的盲区是什么？

由于我的偏见、习惯、性格，我容易对什么产生误解？

二、怎样帮助孩子掌握阅读策略

在阅读策略方面，我们在聊书的过程中，要能提供一些具体的、可操作的方法，并帮助孩子们了解和掌握它们。

1. 正面示范——教更下位的方法

在帮助读者形成“整合资讯”的阅读策略时，有五种非常具体的方法：略去不相干的资料；略去重复的资讯；把资料分门别类；试着找出文本中表现主旨的句子，利用它们做概述；如果找不到表现主旨的句子，就自己动手写。一个读者面对一个阅读中的难题时，如果有全套的修补方法可用，那么我们就可以说，他形成了某种阅读策略。

任何一种阅读策略，我们都可以梳理、归纳它下面有哪些具体的方法，甚至追究方法下面有哪些更细致的技巧。例如：

理解词语

利用前后文线索，推想意义。

重读句子，寻找可以提供线索的想法与字词。

找出该词的词根，思索其意义。

通过回忆那个字曾经出现的情境或书籍……

预　测

根据题目预测。

根据目录预测。

根据自己对作者的了解预测。

根据书中的照片或插图预测。

根据故事的逻辑预测。

根据阅读同类文本的经验预测。

重　读

重读自己喜欢的部分。

重读自己不懂的部分。

重读感觉重要的部分。

重读令自己感动的部分。

重读印象不深的部分。

因此，教阅读策略，在教学层面，对孩子们帮助最大的做法就是教他们一些更下位的具体、实用的方法。请大家细读下面这则案例，《这片土地是神圣的》的整个阅读讨论过程都是紧紧围绕“抓‘宣言’类作品的核心观点”这一阅读策略展开的。

如何读“宣言”类作品

阅读前

1. 明确目标：学习如何读“宣言”类作品。

2. 介绍“宣言”类作品的特点。

宣言：国家、政党、团体或个人，为表明自己在重大问题上的立场、政策、要求、做法等而发表的文告。宣言多采用直述、肯定、论断式的句子（有点儿像格言）。例如，联合国《儿童权利宣言》。

3. 明确阅读“宣言”类作品的策略：抓住主要观点。

阅读中

1. 讨论梳理：你觉得读一篇宣言，要抓住它的主要观点，有哪些方法？

2. 重点推荐“通过抓关键句得出主要观点”的方法（很多宣言的观点是架构在一个或几个关键句上的）。

◎文章中重复出现的句子。

◎总结式或归纳式的语句。

3. 练习寻找“关键句”（读的时候，试着圈出这篇文章中的几个关键句子）。

◎这片土地是神圣的。

◎我们是大地的一部分，大地也是我们的一部分。

◎大地不属于人类，而人类是属于大地的。

4. 进一步探讨：透过这些关键句，西雅图酋长想要表达的意思是什么？

阅读后

回顾反思：

1. 了解如何阅读“宣言”类作品了吗？

2. 知道如何抓关键句了吗？

2. 大声思维 —— 让孩子看到你思考的过程

阅读策略是非常难教的。

第一个原因是阅读理解的过程非常复杂，每一个阅读理解过程中，都有多种阅读策略夹杂在一起。例如，如果我们想要了解阅读的内容，我们不可能只运用联结的策略，或者只运用摘要的策略，或者只提出问题。我们在阅读时必须运用各种策略，而且要依照文本的要求和我们的知识持续做修正和调整。第二个原因是阅读理解的过程是一个微妙的、难以定义的过程，不容易察觉，也很难记录。

即使这样，我们也必须直接告诉孩子们要怎么做，并让他们明确地看到我们这么做。这样，他们才会应用。

那么，怎样做才是直接、明确的示范和介入呢？怎样做才能让孩子们明确地看到我们的阅读思维呢？“大声思维”是可以考虑的一种方式。所谓“大声思维”，就是把原本无声的、快速的、复杂微妙的思考，放声说出来。

我特别喜欢这首诗的题目 ——“让我们每个人都来种棵树”。这个题目好在哪里呢？我经常用替换的方法去发现。如果把这个题目改成“让我们都种棵树”，意思是一样的，但语气却硬硬的。如果改成“今天请你种棵树”，客气是客气了，但感觉怪怪的，看到这个题目的读者一定会想：凭什么你站在旁边看着我们种树？所以，想来想去，必须是“让我们每个人都来种棵树”。

你可以顺着这个题目想一想：为什么我们要种树？看了诗的题目后不一定要急着往下读，我们可以“预测”一下诗人会怎么解答。“预测”，无论是读诗还是读小说，都是很不错的方法。让我们每个人都来种棵树，是为了净化空气？是为了美化环境？是为了防止水土流失？这些都不像诗的回答。很像诗的回答应该是怎样的呢？诗人告诉我们，之所以要种树，是因为我们要过一种有树的生活。有树的生活是很有意思的生活，可以荡秋千，可以捉迷藏，可以在林荫下吃冰激凌……当我们知道有树的生活是怎样的一种生活的时候，即使没有树了，即使我们住在三楼，没有院子，没有空地，我们也会知道，我们想要的快乐是什么。

上面就是我跟孩子们一起读管管的《让我们每个人都来种棵树》时的一段“大声思维”。这段“大声思维”示范了整个读诗的过程。在这一过程中，我又具体强调了一些读诗的方法。例如，“这个题目好在哪里呢？我经常用替换的方法去发现”。又如，“你可以顺着这个题目想一想：为什么我们要种树？看了诗的题目后不一定要急着往下读，我们可以‘预测’一下诗人会怎么解答……”也就是说，好的“大声思维”需要用上这样的“连接语”，加强示范性。下面这些“连接语”就是我在示范整本书的阅读经验时经常用到的。

我觉得好奇怪，他为什么要这样做呢？
我之前看过这个字。
这一点儿都不合理。
我最好把这部分重读一遍。
难道这个问题不管了？
我该怎么办呢？
我可以用什么办法呢？
对了，我可以这么做……
你知道那会让我想到……
我现在在想……
我的脑袋里出现了一个画面……
我要再读一次，我有一点儿搞不清楚……
接下来的部分……

我脑子里想到的是……

让我再想一下……

读者会做的事情之一，就是不断地思考……

我预测……

好的读者一定会思考他们的阅读……

我会把这个事件和发生在我身上的事情联系在一起……

我认为这个角色是……

3. 阅读单 —— 将策略显性化

如果你的阅读单永远是一成不变的“作者、主要内容、精彩片段”等填充项，久而久之，孩子们就会把它视作一项任务 —— 一项无趣的任务。

事实上，阅读单是很有用的。设计得好的阅读单，就像思维导图一样，把本来不可视的思维（思考方法和思考路径）呈现出来。可视化的“阅读、思考的过程”更有利于理解、记忆以及迁移。在教阅读策略时，可借助一些阅读单，如情节梯、范恩图、意见椅、角色地图等。

下面这张阅读单（如图 5–1 所示）主要是让孩子们练习“比较”这种阅读策略的。其中两个圈表示两个子集合，中间的集合就是两者兼具的内容，两边的大半部分表示两者不同的地方。我们用这样一张阅读单比较、分析两篇文章的异同，简单明了。我们的目的，不是让孩子们仅仅把这张阅读单里的空白处填满，而是让他们在填写的过程中建立一种“图式”。

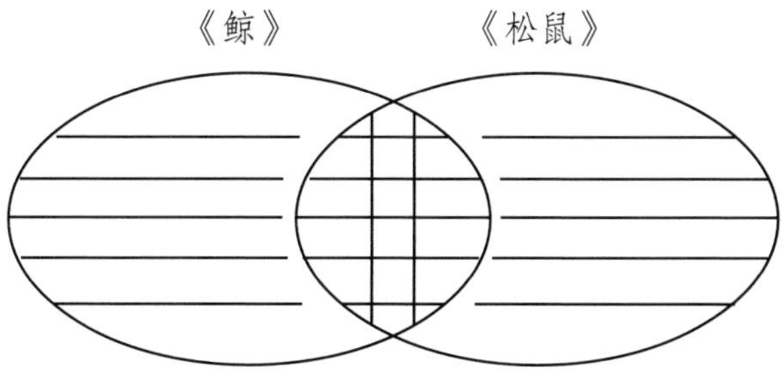

图 5–1 《鲸》和《松鼠》比较阅读单

我在和孩子们聊沈石溪的小说《疯羊血顶儿》时，设计了两张阅读单（详见第七章），其中第一张阅读单是让孩子们练习“统整分析”这一阅读策略。阅读单的中间是主干问题——“盘羊的哪些特点保证了它们这个族群能在弱肉强食的动物世界里生存下来”。要解答这个问题，就必须通读整本书，分析、整合分散在书中各个角落里的零散信息。例如，盘羊警觉、跑得快、幼稚态短、分娩期可以调节、和平型争偶……填写这样的阅读单可以唤醒孩子们已有的零散认识，让他们形成较为完整的某个概念或概念群。

这样的阅读单可以结合书的特点以及想培养的阅读策略进行个性化设计。下面这些阅读单（如表 5-1 、表 5-2，图 5-2 ~ 图 5-11 所示）是我在聊书过程中经常用到的。

表 5-1　KWL 表

书名：

K	W	L
我所知道的	我想知道的	我学习到的

姓名______　班级______

说明：这张阅读单，一般用于阅读知识类书籍。“我所知道的”一栏内填写读这本书之前就知道的相关知识；“我想知道的”一栏内填写读这本书之前自己想了解的相关知识；“我学习到的”一栏内填写带着目的读完这本书之后知道的相关知识。

表5-2 推理表

书名：

故事中的内容＋我知道的（非故事内容）＝推理的结果		

姓名______ 班级______

说明：这张阅读单强调推理是要有依据的，依据主要来自两方面：一是书中有用的细节，二是生活中的经验。

书名：

________ 比较 ________

相似	相异

姓名______ 班级______

图 5-2 比较相似与相异 T 形图

说明："比较"是经常用到的阅读策略，这张阅读单简洁、清爽，适用于四年级以上的孩子。

图 5-3 故事板

说明：孩子是很难把握一个复杂、冗长的故事的。把重要的情节写到故事板里，整个故事就显得“形象、准确和简单”了。我经常借助这样的阅读单让孩子们复述故事。

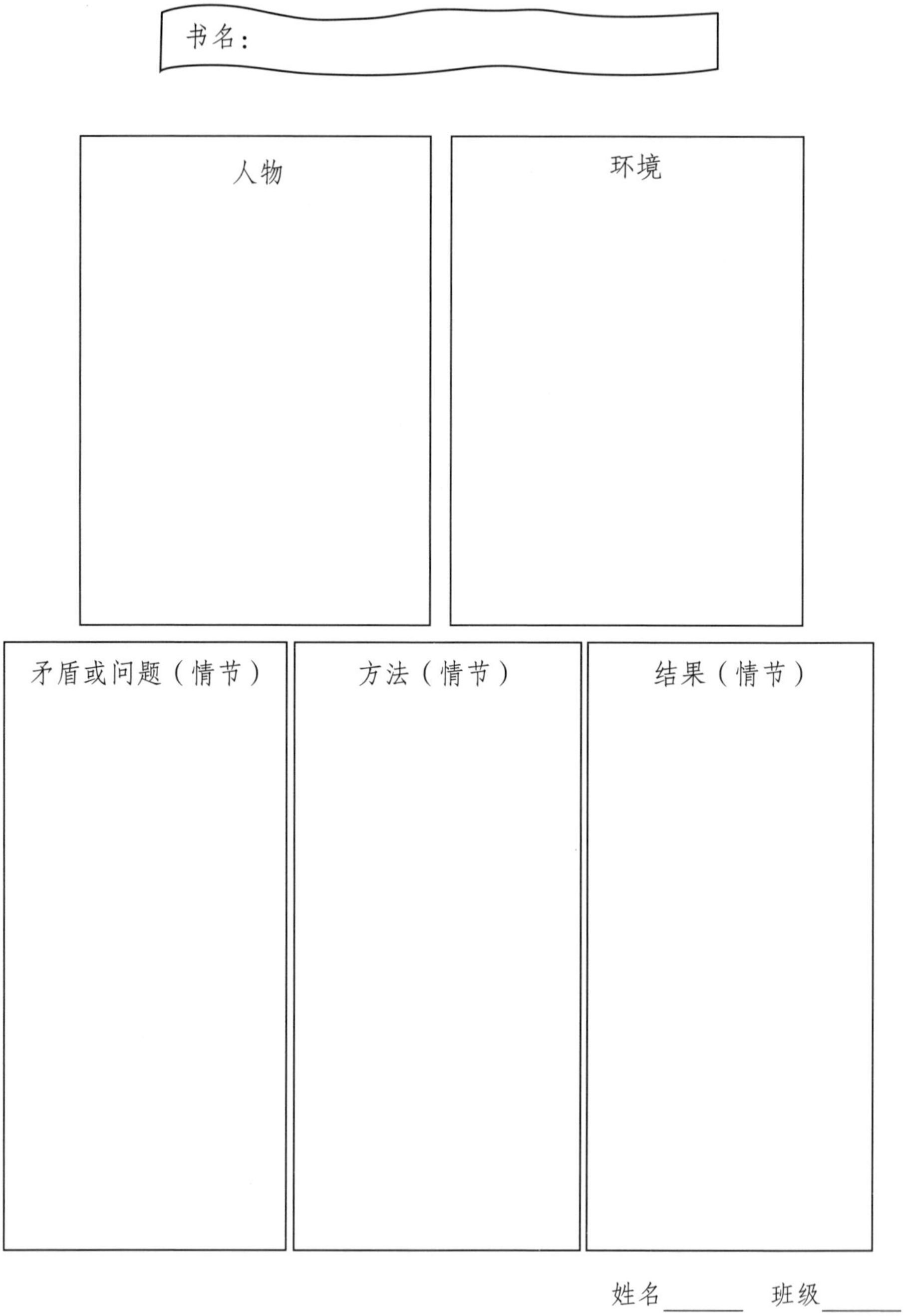

图 5-4 故事地图

说明：故事地图也能起到故事板的作用。

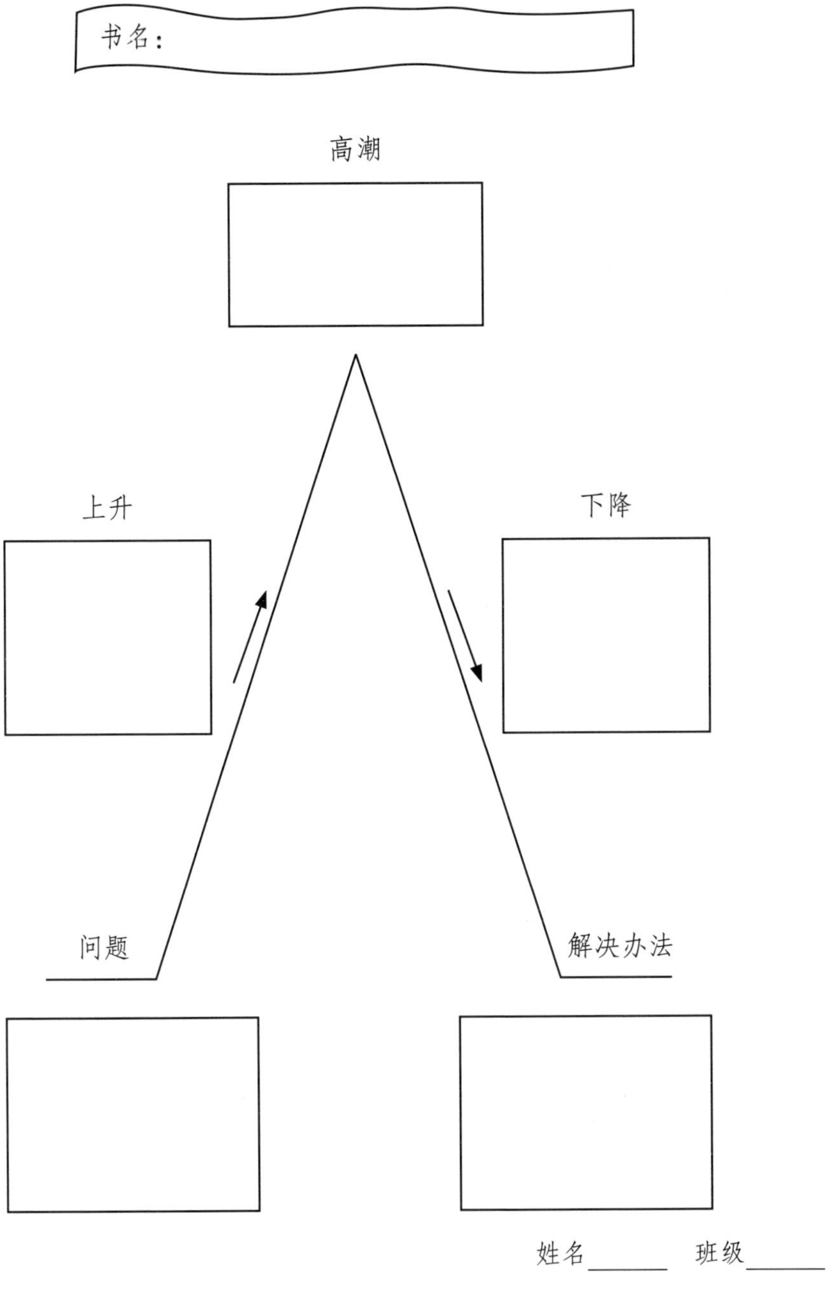

图 5-5 故事元素图

说明：故事元素图也能起到故事板的作用。

书名：

引发问题或矛盾的人物

问题或矛盾是什么

它是如何被解决的或结果如何

姓名______ 班级______

图 5-6 情节、问题与解决办法

说明：很多小说都有激烈的矛盾冲突，这张阅读单的优点在于提醒孩子们将注意力集中到小说的重点上，也为后面的讨论做好准备。

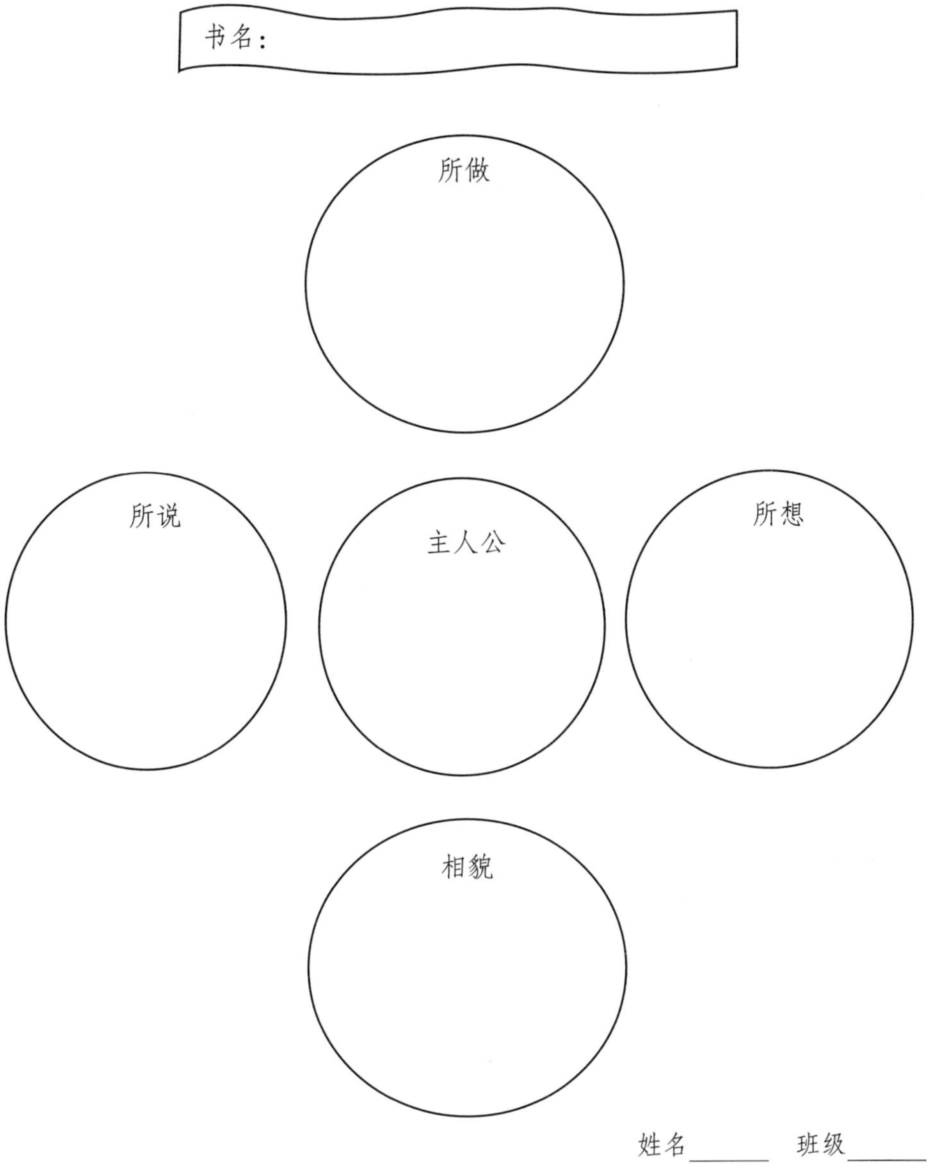

图 5-7 人物推理网络图

说明：当你想和孩子们讨论书中某一个人物的时候，这张阅读单是很好的一个辅助，实际上它也在告诉孩子们很重要的一个阅读策略：要了解某一个人物，需要整合分析书中关于这个人物的外貌、言行举止以及心理的描写。

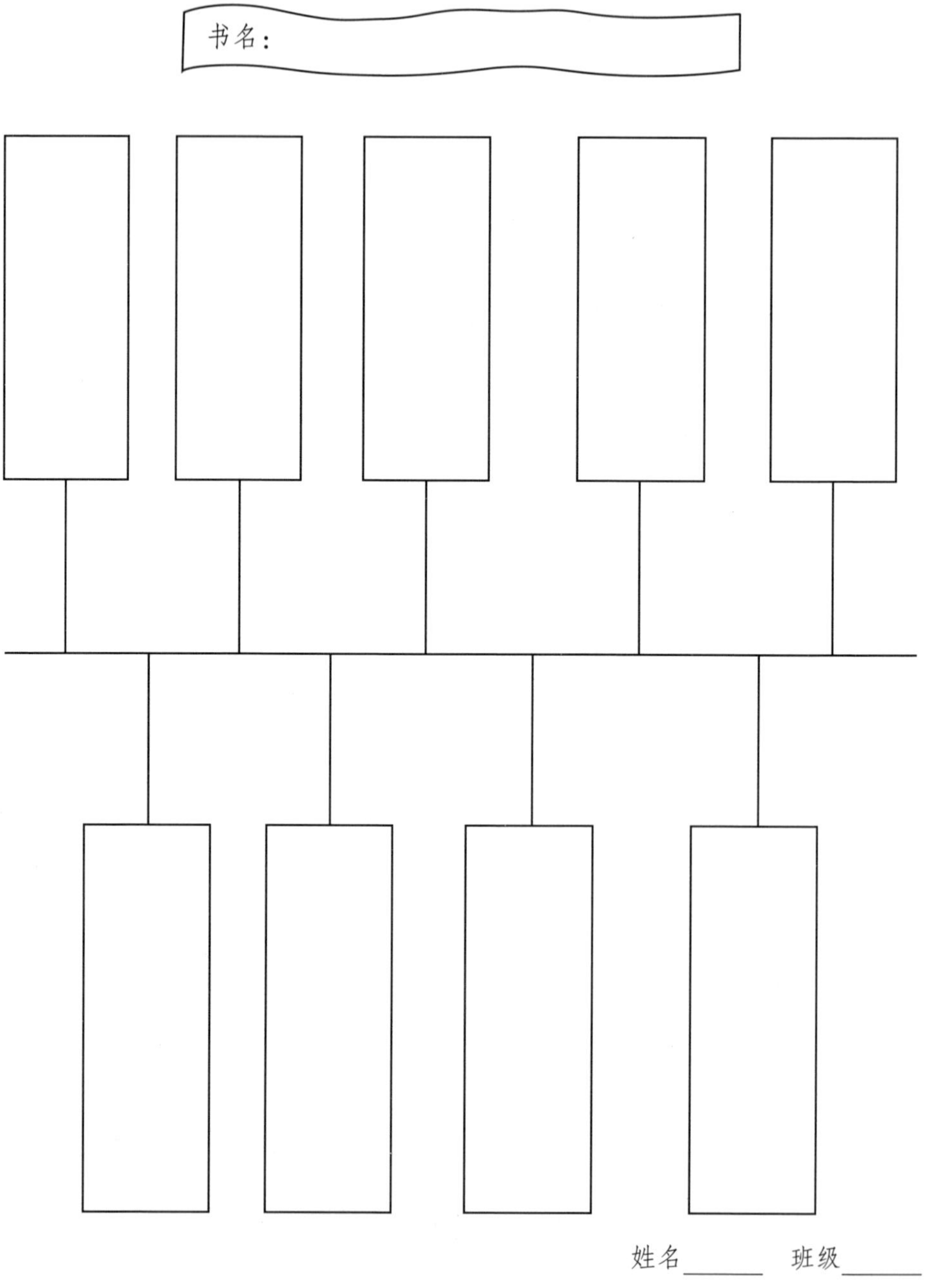

图 5-8　时间线

说明：如果这个故事安排了插叙、倒叙，时间词汇丰富并富有变化，而你想锻炼孩子们梳理时间进程的能力，这张阅读单就可以起到很好的作用。

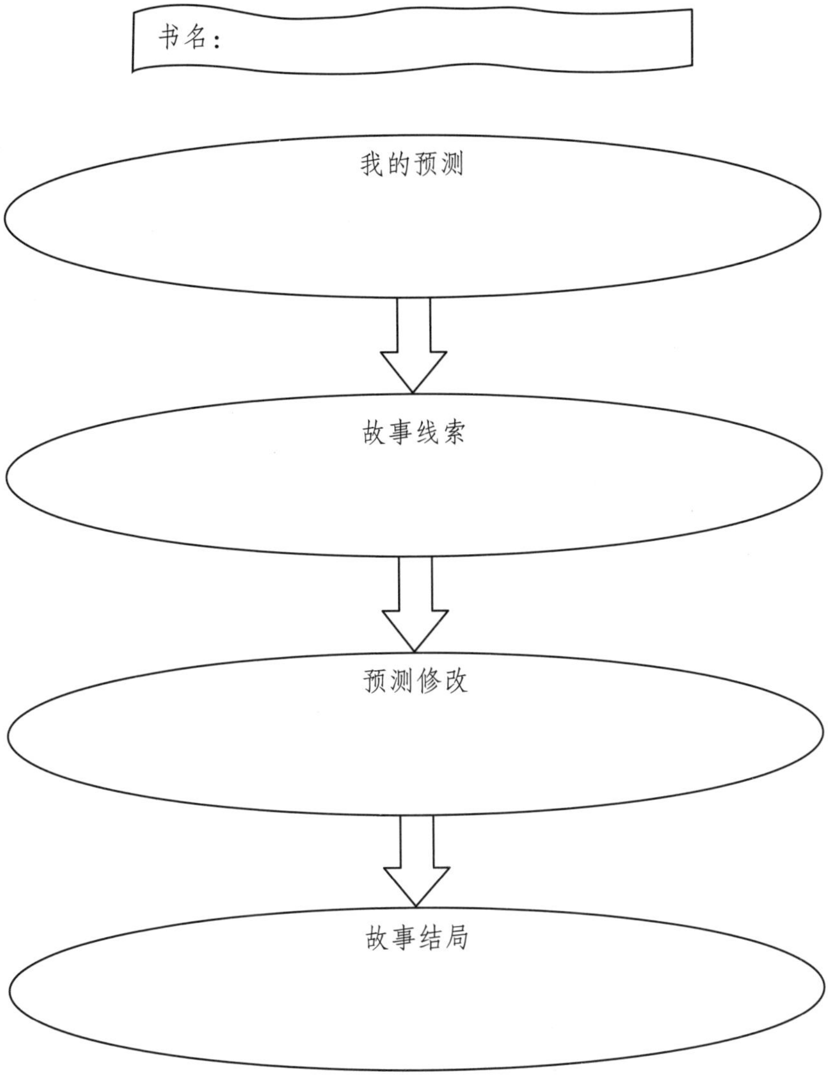

姓名______ 班级______

图 5-9 预测图

说明：若想让孩子们填写这张阅读单，你就要熟悉整个故事，把握整个阅读进程，告诉孩子们读到什么地方时应停下来，填写“我的预测”部分，然后继续读，然后再停下来，填写“故事线索”部分……

书名：

人物

时间

地点

事件

原因

主要内容：____

____

姓名______　班级______

图 5-10　5W 主要内容图

说明：按故事的五要素来概括主要内容是非常实用的。所以，这张阅读单使用频率比较高。

需要你敏锐地抓住其间重要的描写，然后用自己的话来概括。

书名：

描写 1

描写 2

描写 3

主要内容：____

____

姓名______ 班级______

图 5-11 主要内容图

说明：这张阅读单适用于那些没有明显总起、总结句的文章，“主要内容”需要你敏锐地抓住其间重要的描写，然后用自己的话来概括。

三、独立练习 —— 教与应用的二八原则

我在读书会上，一开始尝试教阅读策略，但一段时间之后，困惑又来了 —— 我教了阅读策略，孩子们也“知道”了阅读策略，但是一到真实的阅读情境中，孩子们还是把它们丢在一边。也就是说，光教阅读策略是没用的，重要的是，要让孩子们去尝试运用这些策略 —— 实际的阅读行动才是最重要的。

关于“教”和“运用”的时间分配，我们需要记住“二八原则”。平均来说，把每一段时间的五分之一放在明确的阅读策略教学上，就足以帮助孩子们了解阅读策略。这样，他们就能在接下来的五分之四的阅读时间里，运用和延伸这些策略。如果我们用在阅读策略教学上的时间过多，练习的机会相应就会偏少。

我以教会孩子们“问问题”这一阅读策略为例，来说一下如何运用这一原则。在平时的阅读教学中，我经常采用提问单的形式，让孩子们反复练习。主要步骤如下。

> 第一步：小组的每个组员都先默读课文，在自学的基础上提出两至三个问题，把它们写在提问单上。
>
> 第二步：在组长带领下每个组员分别晒出自己的问题，问题能够在小组里解决的，就在小组里解决。
>
> 第三步：每个小组精选几个问题在全班交流讨论、解决。
>
> 第四步：为了鼓励孩子们积极提问，老师要进行总结，如评出最有价值的问题、最会提问的小组等。

这样一学期训练下来，孩子们的提问能力就会有较大的提升，大多数孩子都会变得愿意提问，并能提出有价值的问题。

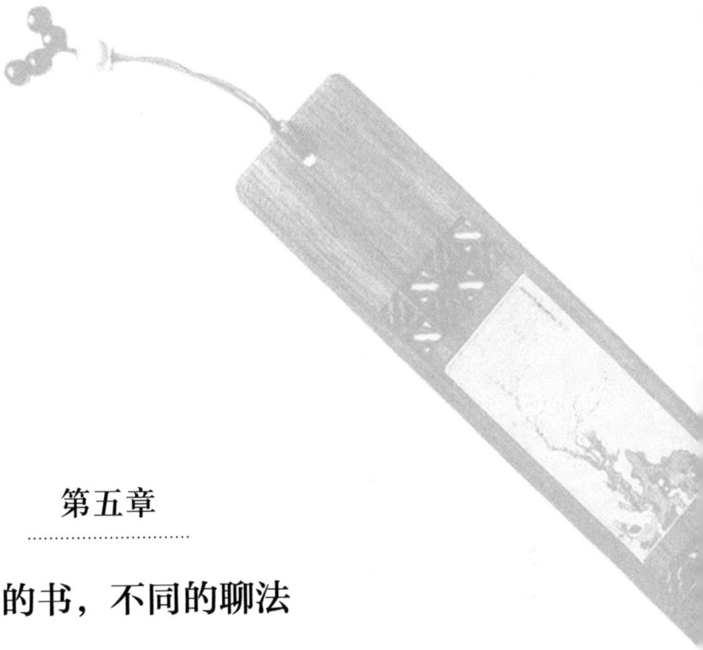

第五章

不同的书，不同的聊法

在有限的时间里讨论一本书，理应精心选择问题和话题，聊出这本书最精要、价值最大的地方。

儿童读者通常缺乏文学体裁方面的知识，对一部作品是童话，还是小说，抑或是别的体裁，他们有时茫然无知，有时则漠不关心。

“我要听故事”“给我讲个故事”“我读了一本书，那个故事很有趣”……各种叙事型儿童文学作品到了儿童读者面前，全都成了“故事”。

然而，老师和家长可以了解这方面的知识，在有限的时间里讨论一本书，理应精心选择问题和话题，聊出这本书最精要、价值最大的地方。

一、进入童话，和故事“化”在一起
—— 和孩子聊童话

大多数时候，听童话和读童话是不需要多少“分析”的，读童话、听童话是一件很私密的事，或者是很自然的亲子交流。晚饭后听爷爷、奶奶讲，听过就听过了；睡觉前自己捧着书看，看过就看过了。尽管没有“聊”，但公主和王子、大灰狼和狐狸、巫婆和魔王……都记在心里了。每一个爸爸、妈妈都应该成为屋檐下会讲故事的爸爸、妈妈，每一个老师都应努力成为《特别的女生萨哈拉》中那个故事多得能撑死一头猪的老师。

但是，一旦童话进入课堂，进入读书会体系，我们还是应该做出“教学”上的努力。童话究竟该怎么聊？我想按年龄段来论述。孩子的年龄，是我们在教育中最应该重视的要素。我们对待一个刚出生不久的婴儿和对待一个三岁孩子的做法肯定会不一样，刚出生时我们会喂他奶，而三岁时我们则让他自己动手吃饭。

1. 低段的重心放在“讲述”上

童话是要用来讲的，尤其是那些古典童话、民间童话，它们很多脱胎于神话，接近口头文学，让孩子讲述意义非凡。现在，我们的孩子很少讲故事了，教材中故事本来就很少，偶尔出现了，我们也总是引导孩子拿腔拿调地读、记，就是不让他们讲。讲故事的时候，需要注入情感，需要随性发挥，需要自然，但我们的孩子已经不太会了，因为不会，就更需要，而且迫切。所以，让孩子讲故事本身就具有重大意义。很多时候，讲故事，哪怕只是讲，也是可以悄然体验到很多东西的 —— 童话中那种原始的智慧、朴素的情感、瑰丽的想象。

不“分析”还有另外一个重要的原因 —— 七八岁的孩子无法从题材、主题、人物、情节、语言、结构等局部去分析一个童话，他们把握故事，依靠的是直觉。

当然，和一、二年级孩子在课堂上共读怎样的童话、讲述怎样的童话还是很有讲究的。

和七八岁的孩子最好共读、讲述怎样的童话呢？

最好选择那些故事性很强的具有古老历史的民间童话。只要一听到“从前”或者“很久很久以前”，孩子们就知道有精彩的故事要开始了，他们自然而然就有讲下去的欲望。我在《我是一支爱写作的铅笔》一书中看过国外的一个教学案例，老师说有些词语会带出词语，于是他在黑板上写“很久”，孩子们自然接着说“很久很久以前”，于是，一个故事很自然地被一步步带出来。

最好选择那些结局光明、美好的童话，小红帽最终战胜了大灰狼，灰姑娘最终嫁给了王子，阿里巴巴最终战胜了四十大盗……小时候经常听童话的孩子，印象最深刻的就是那句话 ——“从此，他们过上了幸福、美好的生活”。在我以及其他家长的经验中，如果主人公的困境或不满没有得到解决，七八岁的孩子就无法得到充实感和满足感，他们是难以接受甚至不堪忍受灰暗、失败的结局的。

最好选择那些情节简明一点儿的童话。例如，那种带有数字“三”的反复结构的童话，灰姑娘先后三次参加王子的舞会，王后先后三次引诱白雪公主，主人公要回答三个问题，英雄要经历三次考验，农夫有三个儿子……这是童话故事中最常见、最经典的结构。小孩是喜欢这种反复结构的，年龄越小，这种阅读兴趣越明显。很多爸爸妈妈可能都有这样的感受，在孩子上幼儿园的时候，陪孩子看动画片《天线宝宝》时，天线宝宝一句话总是说三遍："这是什么？这是什么？这是什么？"我们恨不得快进，孩子则看得不亦乐乎。我们在孩子讲童话故事的时候，可以适当点拨，提醒孩子相同或相近的情节在不同的地方再来一次。当然，反复也不是一种完全的重复，每次反复都要加入一些新的元素，或者包含递进性。

2. 中段的重心放在"体验"上

在一次小学语文教学观摩暨研讨会上，老师们同教一则童话——《去年的树》。此次同课异构引来满场期待，大家都希望上课老师能够基于自己的文化背景和教育理念，上出自己的鲜明特色，所以都提高了自己的心理预期。尽管如此，来自澳门的老师的课还是出乎所有人的意料。来自澳门的两位年轻男老师竟然把教室改成了真正的舞台，舞台上一张课桌也没有，在众目睽睽之下，他们携手带领孩子们扮演鸟儿、树根、门先生、小女孩，鸟儿在舞台上不断地追问树的行踪。刚开始，我也觉得澳门老师的课另辟蹊径是想"搏出位"，有一点儿哗众取宠的味道，"排戏"怎么可以算一堂课呢？可后来我又追问自己："排戏"为什么不能算一堂课呢？"排戏"的过程实际上是"老师、孩子与故事'化'在一起"的过程，"排戏"的过程是让孩子们真正对童话有所体验。在我看来，三、四年级童话教学的核心，不是讲述，也不是理解分析，而是让孩子进入童话，融入童话，成为童话的一分子，成为童话中的一个角色——童话中的人就是"我"，"我"就是童话中的老头子、老太太，从而忘掉自己。怎样让孩子进入童话、融入童话呢？表演应该是很好的一种选择。

每一个在一线的语文老师都会感受到三、四年级的孩子对"还原人物""还原情境"的偏爱，这个年龄段的孩子非常喜欢通过表演进入童话。

有的老师和家长认为，这个年龄段的孩子似乎更应该接受理性的、逻辑的训练。但对这个成长期的孩子来说，想象力、空间、美好和理想，较理性的逻辑训练仍然要重要得多。而且童话是适合表演的：第一，童话是情节性很强的文学作品，里面很少有大段的对话以及对风光、景物的描写。第二，童话里的人物基本是“扁平”性的人物，好就好到十全十美、人见人爱，坏就坏到十恶不赦、恶贯满盈。第三，童话的冲突性很强，孩子表演打败大灰狼、战胜巫婆的过程，实际上是孩子演练内心冲突的过程，表演的过程是强化心理感受的过程。

3. 高段的重心放在“思考”上

读童话，尤其是幼儿读童话，需要感性，过于理性、总是在童话“是真是假”这一问题上纠结的读者是不能进入童话的。

但是，到了一定阶段，阅读童话就需要有解释隐喻及象征的能力。如果没有这种能力，就只能全盘接受新奇和古怪的故事了。

因此，和五、六年级的孩子聊童话，老师要选择小的切入口，带领他们进入一个大的思考空间。什么样的问题既切口小，又可以让孩子有深入探索的可能呢？韩国的南美英博士对此做了很好的示范。

> 童话中为什么老是出现三兄弟的故事？
>
> 为什么书中总是把哥哥（与弟弟相比）描写成坏人？
>
> 为什么出现《大豆老鼠和小豆老鼠》《白雪公主》这样的关于继母的故事？
>
> 你是否能够为你的民间故事、童话故事分类，并解释你选择这个类别的原因？
>
> 这个故事是否以什么神奇数字为核心？果真如此的话，请解释故事中这些神奇数字起着什么作用，它们又如何影响故事中的历险与角色。
>
> 为什么必须完成英勇的事迹与行为？

故事中的历险、魔法与其他角色如何改变主人公的生活？

书中角色做了哪两个困难的决定？影响这些决定的是什么？他们的决定如何改变他们的人生？

动物、花朵与玩具有什么与人类相通的特质？它们的特质跟你有何类似之处？

善恶之间有什么冲突与争斗？谁赢了呢？

谁是英雄呢？他们具备什么英雄特质？

你可以发现，这些问题以"可爱有趣"的面目呈现，但思考却指向童话的文化背景和象征意义。

二、以安全的距离来探索一些"巨大"的话题——和孩子聊奇幻故事

有些教育工作者并不喜欢奇幻故事。例如，《哈利·波特》很多老师都没读过，而且似乎出于一种本能，他们阻拦孩子们去阅读。如果真有人追问起来，他们的理由大多是：不切实际、过于冗长、难以理解或者太花时间。反对又怎样呢？这些幻想小说深深地吸引着孩子们，他们在阅读中实现了"变形"，在阅读中和奇幻英雄一起冒险，一起经历令人害怕、困惑或遭受欺压的情境，一起对抗黑暗，他们乐在其中。

1. 以安全的距离来探索令人困扰的问题

安全和自由哪一个比较重要？什么是自由？什么是英雄？冒险意味着什么？勇敢的意义是什么？拥有力量意味着什么？

我们每一个人都要思考这样一些"大问题"、重要的问题。但面对和讨论这些问题对老师提出了极大挑战。

奇幻故事能够让我们以一个相对安全的距离来探索令人困扰的问题，因为大部分奇幻故事中都会有一个英雄人物，他必须通过一场冒险来找到某些奖赏，拯救一些重要的东西，完成一个重要的使命，或者达成某种有特殊意义的目标，奇幻故事往往涵盖了自由、勇敢、力量、意义等重要命题。因此，聊幻想小说时聊这些命题就显得非常自然。

例如，米切尔·恩德的《毛毛 —— 时间窃贼和一个小女孩的不可思议的故事》(以下简称《毛毛》)，就帮助我和孩子们很快进入了关于“时间哲学”的思考，并且迅速深入。我相信，如果没有《毛毛》这本书作为凭借，孩子们对时间的思考是不可能达到这样的程度的：处理个人生活中的“快和慢”“进取和闲暇”等要因人而异，不能一概而论；生活中并不是说要一切以慢为目的，而是要有计划、重效率，掌握好工作与休闲的节奏，更好地活出自己的光彩来；体会到慢的心态，心里有闲暇的意义，就可以时常考虑一些关于人性的问题，而不至于在“赶时间”中丧失自我。

2. 解开奇幻文学的叙事密码

幻想小说是有许多叙事密码的。第一，幻想小说中的世界一般是二元世界，主人公经常在现实和虚幻世界之间“穿梭”。它不像童话只拥有一个幻想的、非现实的世界，是个一元世界。第二，幻想小说中的主人公从现实世界到虚幻世界，总有一个特定的“入口”：在《哈利·波特》里是“九又四分之三”车站，在《纳尼亚传奇》里是一个古老的橱柜，在《5 月 35 日》里是一个衣柜，在《毛毛》中是一条“从没巷”。第三，幻想小说中冒险的情节模式也是差不多的 —— 要有神秘的事物、攸关生死的刺激，以及不可预期的结果所带来的震撼。第四，幻想小说作家会尽力把那个创造出来的世界描写得像真的一样……这样的密码还有很多，孩子是非常欢迎有一个人带领他们发现这些密码的，他们不仅想发现“内容”上的密码，也希望发现“形式”上的密码。当然，老师想成为这样一个带领人并不是一件容易的事，他自己必须也是幻想小说的热心读者，他读到令自己困惑不解的地方时必须有打破砂锅问到底的精神，只有这样才可能设计出指向性比较强的问题。例如：

故事发生的地点有哪些？请解释你从故事发生的地点中看到的幻想小说特色如何。

作者如何促使你这位读者进入幻想世界？有没有写实的成分存在？请讨论这些写实要素。它们又如何影响故事？

书中角色进入其他时空，这种时空之旅如何帮助他们处理眼前时空的问题？

需要强调的是，在奇幻文学作品中接触到丰富叙事密码的孩子，可以将许多看待事物的新方法内化到他们自己的故事当中。孩子接触到的奇幻故事种类愈多，他们就愈能了解生活和文学的世界。

3. 全面释放孩子的想象力

有一次，作家彭懿到我们学校和小读者见面，彭懿在操场上即兴“创作”了一个幻想小说的开头，他鼓励孩子们续写下去。我开始时不以为然，因为现在的孩子对“写作”实在兴趣不大。可出人意料的是，孩子们“趋之若鹜”地开始创作，一个平时边写文章边清点字数，一到400字就马上坚定收尾的男生一口气写了800多字。慢慢地，我越来越注意到孩子们对写幻想小说的热衷。因此，读了幻想小说之后，我也开始鼓励他们写续集或者自己另起炉灶创编奇幻故事。

小学生为什么这么喜欢写奇幻故事呢?《童书中的神奇魔力》一书记录了一个孩子维尼的心声：“你可以做任何你想做的事情，你可以编出任何东西、画出很特别的东西，让你的心灵遨游到任何你可以去的地方，然后再把它画下来……你可以把任何东西放进去，你可以把任何想要的东西放进故事情节里。这是你的故事，你可以很自由。你可以编出各种不同的角色、战争、武器、宝物，还有像巫婆和狼人这样的生物。”奇幻故事对孩子的意义就在这里，它能带领孩子远离他们所处的现实世界，给予他们探索和创造的自由，并全面释放他们的想象力。孩子需要幻想，这是我多年来观察到的。如果我们忽略了孩子的这个需求，就等于关闭了进入孩子世界的大门，我们将无法了解孩子世界里的秘密。

所以，我把写作奇幻故事带进教室里，有时鼓励孩子们续写奇幻故事，有时指导孩子们抓住主要人物或主要情境重写奇幻故事，有时鼓励孩子们挣脱所有束缚创编故事……我把写作奇幻故事带进教室里，并不是表示我要试图协助孩子们变得更会写作或创作奇幻故事——其主要意义在于让孩子们以一种令人振奋的、创新的方式，来构建他们的世界，用跟他们的世界相关的感觉和想法来编织生活和文学经验。

其实，允许孩子写奇幻故事本身，就是一种极具远见、极具胆量的教学行为。真的！

4. 帮助联结文学与生活

读书就是要联系生活，关注当下。有的家长不提倡孩子看奇幻故事，就是因为他们认为幻想文学不切实际、过于玄虚。然而，一个有经验的成熟的读者，在读幻想小说时，会破解幻想小说中的诸多隐喻，会和自己、生活还有当下结合起来。

三、研究文学与人生的种种问题
——和孩子聊成长小说

优秀的成长小说是最适合在课堂上讨论的一种小说类型。那么，师生共读成长小说，可以围绕哪些话题讨论呢？

比较：把故事和自己类似的经历做比较，把书中的英雄与自己敬爱的人物做比较。

总结：总结作者要向读者传达的信息，至少回忆出导致故事结局的四个主要情节。

想象：想象故事的不同结局，证明这个结局的合理性。

说明：你认为怎样写可以使结局更有趣？

假设：如果矛盾、冲突不是这样解决的，故事会出现怎样的结局？

调查：故事中提到的哪些问题你还想了解得多一些？你打算怎么做？

这些讨论话题可以分为三类。

1. 与个人联结的话题

我跟孩子一样，很喜欢那些“淘气包小说”。例如，戈西尼的《小淘气尼古拉的故事》、林格伦的《小飞人卡尔松》《长袜子皮皮》、梅子涵的《戴小桥和他的哥们儿》以及杨红樱的《淘气包马小跳》等，塑造的都是调皮、任性、馋嘴、好吹牛、喜怒无常、健忘的顽童形象。孩子在阅读时或多或少都能从他们身上找到一点儿自己的影子。想想确实如此啊，再乖的孩子在内心里都是想撒点儿野的。也就是说，优秀的成长小说是真的写儿童，写真实的儿童，写儿童的真实想法。这对现代儿童文学作家真是提出了挑战，因为现在的孩子，尤其是处在现代文明进程中、城市化进程中的孩子，性格、兴趣变得越来越复杂，他们渴望成长，但困惑和烦恼却越来越多。例如，单亲家庭的孩子（有点儿讨厌父母亲）、自卑的孩子（担心外表不出众、担心头脑笨拙）、胆小的孩子、不合群的孩子、过于单纯的孩子、很少和他人交流的孩子、有早恋倾向的孩子、因亲人过世情绪明显受影响的孩子……

现代儿童文学作家确实也在努力以更丰富的视角更细腻地反映儿童的生活状态和心理状态。例如，曹文轩的《草房子》《山羊不吃天堂草》《青铜葵花》、黄蓓佳的《我要做好孩子》《今天我是升旗手》《我飞了》、秦文君的《男生贾里》《女生贾梅》，以及国际安徒生奖、纽伯瑞儿童文学奖的获奖作品，这些作品里面的儿童形象已经非常多元：开朗、自私、自闭、勇敢、有主见、唯唯诺诺、自信、自卑……我们应该有意识地带领孩子们在阅读中寻找自己、关照自己、确认自己、反思自己。“无聊不成书”，我们应该设计与孩子个人相联结的话题。这既可以突出成长小说的特点，又能契合儿童的心理需求。那么，什么样的话题可以帮助孩子做个人联结呢？例如：

你跟书中哪个人物有相似点？

你身边哪个朋友像书中的主人公？

书中的家庭跟你的家庭有什么相似点？

你有没有碰到过类似的事情、有没有类似的经验？

有没有什么事件或地方让你想到自己的经验？

如果你是书中的主人公，你会怎么做？

2. 与生活联结的话题

我查阅小说教学历史的时候，发现了在1920年前后，白话文兴起之时，流行过一段时间的“问题教学法”。民国教育家阮真曾经用讽刺的笔法，描述过实行“问题教学法”后各校的“盛况”：中学生变得“爱讨论问题。有所谓经济问题，劳动问题，妇女问题，贞操问题，遗产问题，亲子关系问题，还有最切身而最受欢迎的恋爱问题，婚姻问题等等，闹得天翻地覆，如雷震耳了”。阮真所讽刺的小说教学法，却是我所向往的理想的状态，尤其是在围绕成长小说的讨论中，这样的“问题教学法”能帮助孩子在走进故事之后再走出故事，思考、提炼出适合自己的人生智慧和永恒哲理。

为什么说关于成长小说的讨论特别适合用“问题教学法”呢？因为成长小说反映的是儿童在成长过程中经历的“问题”，展示的是主人公经历某个或某些对他而言重大的事件后对人生产生顿悟的过程。这种对人生的顿悟，具体而言，就是对亲情、友情、爱情的顿悟，就是对生、老、病、死的顿悟，就是对真、善、美的顿悟，就是对幸福、痛苦、财富、贫穷的顿悟。亲情、友情、爱情、生、老、病、死、真、善、美、幸福、痛苦、财富、贫穷……这些词语，是人类永恒的主题词，是每个人在成长过程中都必然要面对的。所以，我们应该结合具体的书提炼具体的话题。例如：

1. 英子在成长过程中还遇到了一次又一次的“离别”，你对“离别”是怎么看的？（林海音《城南旧事》）

2. 本说了几次“我爱你”？安娜又说了几次？你是怎么理解

"爱是双方的"这句话的？（彼特·赫尔特林《本爱安娜》）

3. 在剑桥女子学校求学的生涯中，海伦·凯勒遇到了哪些困难？你能谈谈"困难"和"成长"之间的关系吗？（海伦·凯勒《假如给我三天光明》）

只要你有这样的意识，只要你了解儿童，想帮助儿童，生活类话题就俯拾皆是。下面这些话题出自台北朗智思维科技有限公司出版的《聊书与人生》一书，我们可以看出他们在贴近儿童方面的努力。

谈谈书中梦境的真假；探讨人掌控生命的程度；谈谈"好孩子"的概念；谈谈害怕的情绪；谈谈见义勇为；谈成见和刻板印象；谈抉择；谈怎样才算富有；谈孤独的感觉；谈受到打击的人；谈父母和孩子之间的关系；谈怎样克服对死亡的恐惧……

3. 与艺术联结的话题

成长小说既写出了儿童生活中的种种问题，也把小说的三要素——人物、情节、环境体现得最充分。我们在借助小说关注人生各种问题的同时，也要关注文艺本身。多关注情节设计、人物命运的安排、情感纠葛、环境布置……但是我们在和孩子们聊整本书时，如果比较生硬地引进一些文学概念，反而不易引起他们对文学阅读和欣赏的欲望。所以，如何设计一些文学性话题，既能引起孩子们的兴趣，又能契合所读的书，对老师来说是一个挑战。下面这些话题无疑在朝这方面努力。

找出一个表达作者想法的句子；思考篇章名称；从人物态度和想法的改变方面谈情节的发展；欣赏故事中的奇妙主意；讨论文化习俗对故事情节的影响；谈论天气的描述所营造的气氛；从人物的外表了解其个性；找出"言不由衷"的例子；欣赏细腻的风景描写；找出故事的高潮；分析小说章节的标题；找出关键性的一句话；探

讨日记和书信在文学中的运用；谈论时间的描述所营造的气氛；讨论事物所象征的意义……

四、为了丰富我们的生命体验
—— 和孩子聊动物小说

写这些故事的人真是了不起，他们叫西顿，叫椋鸠十，叫比安基，叫沈石溪……如果你是个热衷于推广儿童阅读的老师，你就会发现，近年掀起了一股读动物小说的热潮。所谓动物小说，就是以动物为主角，叙述它跟人类、自己、其他生物或大自然的故事。

我经常为孩子们读动物小说。我发现五年级的孩子在听一部小说时，表情还可以那么丰富 —— 时而紧张，时而惋惜，时而悲痛，时而欣喜……当然，我把动物小说积极地推荐给我的孩子们，并不仅仅是因为这些小说情节曲折、十分好看，我还有我的想法。

第一，动物小说可以给孩子们更为丰富的生命体验。贪婪、残忍、阴险、狡诈、背叛、爱、善良、守信、勇敢、合作、尊严、命运多舛、命中注定等，一切好的坏的、正面的反面的、积极的消极的，总之，成人世界所具有的东西，动物小说里都有。而且这些动物小说是那样原始、客观地将其自然融合在情节中向你诉说，不忸怩、不做作。这是其他儿童文学样式很难做到的。

第二，动物小说不同于童话 —— 仅仅表达一种经验，或者诉求一种情感，它同时传递了许多知识。到目前为止，我每看一个动物小说，知识就有明显的增长 —— 高原的气候、山林的特点、各种各样的动物习性、自然界的多种生物链等。孩子们对这些知识更是表现出“狂热”，因为这些知识伴随着神秘、奇异、瑰丽、多彩……

第三，动物小说可以让孩子们很具体地感受到生命的存在。我们经常在超市里买猪排、猪蹄、猪耳朵、猪肝、猪尾巴、猪舌头……但是我们很少看到一头完整的活猪。我们身处的世界已经是一个缺乏生命气息的碎片化的世界，很多孩子已经患有“自然缺失症”。作家池莉在《来吧孩子》中写道，她欣喜地支持着女儿养一条小狗，她高兴地看着女儿去善待一个生命，她欣慰地感受着女儿的善缘与慧根。看动物小说，就是间接地与各种生命相拥，与大自然接触。空气、阳光、动物世界、微观世界……浸润其中，我们才会重视、喜欢、珍惜自己的生命。

第四，动物小说在儿童文学教与学的层面，似乎更容易实现读与写的互惠。动物小说提供了最为典型的基于素材的写作以及合理想象写作的范例。我曾经让五年级的孩子看过一些动物小说后合作创作一篇关于狼的短篇小说，他们最终的写作成果让我十分惊叹。他们很会讲故事，最重要的是，这篇小说让我感受到了孩子们一旦拥有一个合适的写作载体，他们对人的思考就可以很深入。

读完动物小说之后，和孩子们聊什么？优秀的动物小说，可以交流的点非常多，为了分享经验，我也愿意说一说自己的路径或方向。

1. 真实的大自然与想象中的大自然

> 你原来觉得 ×× 是怎样的一种动物？
> 你原来看过哪些有关 ×× 的故事？ ×× 留给了你怎样的印象？
> 现在，你觉得 ×× 是怎样一种动物？你能举例证明吗？

很多次和孩子们聊动物小说，我都遵循这样的“路线”。读完姜戎的《狼图腾·小狼小狼》，我就问孩子们：“小说中的狼和你以前在其他故事中看到的狼有什么区别？”看了西顿的《乌鸦队长银斑儿》以后，我就问孩子们：“你对乌鸦的看法是不是有了一些改变？”

西顿、比安基、椋鸠十，以及杰克·伦敦、吉卜林的动物小说，都把“真实”放在重要的地位。西顿似乎做得最彻底。在西顿的动物小说里，动物是不开口说话的，因为它们是动物。一旦动物开口说话，那就是童话，就是寓言，就是神话，就是幻想小说了。西顿的小说里，没有复杂的动物关系，也没有复杂的爱恨情仇。西顿写动物的心理，只写动物的仇恨、寂寞、饥饿、痛苦这些最基本的情感。西顿写动物的行为，着重写动物的求生本能与经历。尽管对孩子来说，这样的动物故事可能显得简单、枯燥了些，但这就是真实的动物世界。在西顿的动物小说里，动物主人公都没有什么好下场，说得过分点儿，都是“不得好死”的——或者葬身于天敌之腹，或者命丧人类之手。虽然有些残酷，但这却是真实的。对野生动物来说，根本不存在什么安享晚年、什么终老一生。

这些优秀的动物小说作家也有能力用自己手中的笔反映真实的动物世界，因为他们都有实实在在近距离地感受、观察大自然的经历。就说西顿吧，他在加拿大长大，在那个森林覆盖率很高的国家长大，十几岁时他便渴望将来做博物学家。再说苏联的比安基，他的父亲是个生物学家，他从小就和动物打交道，并且一生大部分时间选择在森林中度过。因此，读他们的小说，你的最大感受就是——真实。豺狼虎豹、蚁鸟虫鱼，他们对这些动物的外表体征、生活习性，都有细微、精准的描写。这些描写，基本上是他们真实的所见所闻。他们这些真实的所见所闻，对住在××小区××公寓××幢××单元的孩子们来说，是那么新鲜，散发着原野的气息。因此，面对这些优秀的动物小说，你可以对孩子们说，这就是真实的大自然，这就是真实的野生动物。尽管跟你以前看到过的童话中、寓言中的狼有些不一样，但真正的狼就是这样的；尽管跟你想象中的乌鸦有些不一样，但真正的乌鸦就是这样的。

然而，就“真实”这一点而言，你自己也要有足够的判断能力。例如，沈石溪的动物小说，就有需要特别说明的地方。沈石溪也了解动物，他有长期在云南山区插队的经历，在创作动物小说之后，也通过读书等做了大量功课。因此，他的动物小说对动物也进行了真实、详尽的描写，并且用了大量的专业术语，例如“共栖”“战争型求偶”“悲痛期”“分娩期”，等等。沈石溪通过故事串联了大量动物学领域的研究成果，将其巧妙地介绍给读者。但是，沈石溪笔下的很多动物实际上是披着动物皮毛的人而已。也就是说，他的很多故事还是“拿动物说事”，借动物来讽喻现实或抒发感情。为了实现这一点，沈石溪在科学观察的基础上在自己的小说里加入了大量的文学虚构，很多动物的心理和行为都有夸张的成分。因此，在和孩子们聊沈石溪的动物小说的时候，必须说明这一点 —— 他们读的主要还是故事，而不是真实的自然。

2. 动物世界和人类世界

其实，在你看了一定数量的动物小说之后，你会发现这些动物小说作家喜欢写动物中的强者 —— 天赋不凡者、体格出众者、才智超群者。以西顿为例，他写狼，就写个头大、智谋多的狼王；他写乌鸦，就写最聪明、最强壮、最勇敢的乌鸦；他写马，就写矫健、高傲、完美无瑕的马。所以，我在和孩子们聊动物小说时，喜欢赏析“动物形象”。例如，我在和孩子们聊沈石溪的作品《疯羊血顶儿》时，就问他们：柔弱的盘羊为什么能够在凶险异常的丛林里生存下来？你是怎么看待盘羊的？在聊书的过程中我们发现，盘羊为了生存竟然做着如此艰苦不懈的努力：为了活下来，呱呱坠地几分钟的小羊羔就开始尝试站立、行走；为了活下来，它们不断地练习奔跑，让自己跑得更快；为了活下来，它们告诫自己面对生离死别时要学会铁石心肠；为了活下来，它们决定只有在决斗中胜利的公羊才有资格当父亲；为了活下来，它们集体行动，组织严密，分工明确。

动物世界和人类世界有共通的部分，那么有没有不同的地方呢？

在动物小说作家不失真实但有所选择的故事叙述中，他们同时突出了人类世界日益萎缩、逐渐失去的部分。西顿的《狼王洛波》里，有这样一句话：据说，被剥夺了力气的狮子，被夺去了自由的鹰，或者是失去了配偶的鸽子，都会死于心碎。这句话我重读了好几遍，然后带着这句话重读了很多西顿、比安基、椋鸠十的动物小说。我发现，即使是那些一心为了活着的动物、那些为了生存和繁衍而与其天敌或人类不懈战斗的动物，为了尊严，为了自由，为了情义，也可以放弃生命。大部分动物故事都是这样的，这样的故事就很“刺激”，因为它们刺破了人类文化的外壳和文明社会种种虚伪的表象。在这样的故事里，动物在告诉我们活着的意义，动物在告诉我们要坚守什么。因此，很多次关于动物小说的讨论，我和孩子们都是围绕“尊严”“自由”“情义”展开的。

五、“为了生存”和“生存的背后”——和孩子聊冒险小说

那些带有探险色彩的儿童文学作品一直深受孩子欢迎。

冒险小说的源流可以上溯到英国笛福的《鲁滨孙漂流记》(出版于1719年)，它是海洋冒险小说的鼻祖。真正为儿童创作的海洋冒险小说出现于19世纪，其中影响最大的是法国作家儒勒·凡尔纳的作品。现在，冒险小说已经成为非常受小读者欢迎的类型小说——孤岛历险、野人探秘、追踪狼娃、拜访矮人王国……这些元素总是令孩子们爱不释手。

冒险小说所带来的阅读乐趣并不是单纯的感官乐趣，而是丰富的心灵愉悦，其中既有冒险本身激动人心的乐趣，也有冒险激发的心灵成长的乐趣。读书讨论当然侧重于后者。

1. 为什么他们能够活下来

有冒险元素的《天使雕像》的作者柯尼斯伯格发觉，她的孩子已无法真正接近大自然，他们嫌烤肉麻烦、蚂蚁太多，而且座位也不干净。于是她想到，这一代在电器用品陪伴下长大的孩子，即使你给他们打点行装，让他们离家出走，他们也无求生本能，逃不开物质文明的掌心。想想也是啊，如果我们独自一人置身于危机四伏的丛林深处，离开了父母的庇佑、亲人的呵护，离开了朋友的陪伴，不再有唾手可得的汉堡、薯条，不再有遮风挡雨的房间……有谁能生存下来吗？我们已经缺乏基本的生存技能，自然也缺乏相应的生存信心，所以很多读书会聊冒险小说时，“生存技能”始终是讨论的主题词。

为什么有些人存活了下来？

幸存的人有什么改变？

有没有存活技巧？有哪些技巧呢？

“活下去的意志”究竟发挥了多大的作用？

境遇会如何影响生存？

独自一人比有人为伴更危险吗？

有什么至关重要的生存建议？

在生死存亡之际，人们都想些什么？有什么感觉？

年龄影响人们的生存能力吗？

在沙漠中如何才能找到水？

当然，有的老师和家长会认为，尽管小学生对这种荒野生存技能的讨论非常感兴趣，但现实生活中我们像小说中的主人公那样流落荒野的可能性极小，发动这样的讨论有什么意义呢？当然有意义，有关生存的任何知识都有意义，如果具备这些知识，等到真的遇上类似事件时，就能够展现智慧，从容应对了。哪怕将来这些知识并没有用武之地，这些讨论也会给儿童读者带来在安定的生活中难以获得的看待人生的重要视点，从而获得在现实生活中难以得到的精神满足。

而且，现在很多冒险小说的冒险形式已经显示出时代、生活的变化，主人公冒险的原因也更具现实意义。例如，失去父母，冒险地点是一些日常环境，如家庭附近的公园、博物馆等。柯尼斯伯格的《天使雕像》（出版于1967年）写的是姐弟二人离家出走到博物馆的一星期冒险生活。这种“探险距离”能更具现实意义地指导孩子“如何面对并且超越陌生环境，如何处理在特殊环境下人与人之间的关系”等问题。

2. 生存背后的价值观

很多时候，人们一谈起冒险题材的作品，就会觉得它是一种消遣性的浅阅读。这种成见提醒我们读冒险文学时不能只满足于情节的紧张、曲折，应该透过情节，和作者一起去思考隐含在作品中的有关人与人、人与社会、人与自然的哲理。

例如，读完《鲁滨孙漂流记》，我们会发现鲁滨孙热衷于航海与冒险并不是出于什么浪漫的、崇高的追求，完全是为了经济利益。鲁滨孙的“开拓精神”带有强烈的殖民主义色彩——征服，征服新大陆、征服自然、征服奴隶、征服其他文化。把这部作品放在特定的历史环境中看，它无疑大大刺激了当时西方人的勇气，宣扬了早期资本主义的精神，较之于当时人类的思想是一大进步。然而，这与现在的普世价值观，例如与自然和谐相处、人与人平等、文化的多样性与多元共存等显然背离。五、六年级的孩子已经初步具有独立思考、批判性思考的能力，如果他们读完原著后产生这样的疑问，老师就必须正视，不要简单地帮他们判断，而应该引导他们围绕价值冲突进行讨论。我个人往往会引导他们阅读另一部享誉世界的荒岛生存小说——《蓝色的海豚岛》，让他们进行比较性阅读。《蓝色的海豚岛》的主人公卡拉娜独自一人在海岛上生活了 18 年，卡拉娜热爱海豚岛，热爱自然，在解决了生存难题之后，她就告诫自己尽量少杀生。在她眼里，海豚、海豹甚至咬死她弟弟的野狗都是朋友，当她得知自己可以离开时却对海豚岛充满依恋，她觉得自己已是海豚岛的一部分。很显然，故事相似，但现代作家所要表达的却更符合时代的伦理需求、价值观念。

我时常提醒自己，每一部冒险小说背后其实都有作者的观念，我们要学会透过情节去辨析，去和作者对话。

3. 多义性的讨论

说句实话，冒险小说良莠不齐，很多迎合市场的小说只是在简单地满足孩子的感官刺激，因此，选择什么样的冒险小说到课堂上来讨论，老师确实需要仔细斟酌。好的冒险小说可以引发“多义性”的讨论。例如，获得纽伯瑞儿童文学奖银奖的《尼瑙克山探险》。

《尼瑙克山探险》讲述的是一个短小精悍的冒险故事。几百年来，人们一直传说尼瑙克山有一只怪兽，不过谁也没有亲眼见过它。山顶一年到头都笼罩着雾气，每逢下暴雨的夜晚，人们就会听到从山上传来的呜呜的呼啸声，好像一只巨兽发出的咆哮。人们对这座神山充满敬畏，从来不敢靠近它一步。当怪兽怒吼时，人们还要摆放蜡烛、洋葱和如愿骨等物来辟邪，乞求平安。一年四季，总有来自四面八方的人朝拜神山，因此，村子里还形成了一个非常热闹的集市。主人公伊甘来到尼瑙克山下的脚背村串亲戚。为了向表妹证明自己不是胆小鬼，他在夜里爬上了山顶，希望杀死怪兽，成为人人仰慕的大勇士。他碰到了被误认为“失踪”的奥特叔叔，从奥特叔叔的口中，他知道了尼瑙克山怪兽的真相。原来，山顶有一个山洞，洞里有一眼喷泉，下面是个火山口。每当下雨天，雨水流进山洞，产生更多的蒸汽和压力，蒸汽喷出洞口时，就发出了呜呜的声音。当伊甘把怪兽的真相告诉人们时，他们却不相信他的话，而是坚信怪兽藏起来了。

奥特叔叔说得有理有据，为什么村民们都不相信，都不愿意相信？

如果奥特叔叔用科学仪器证明了没有怪兽，那么，村民的生活会有哪些改变？村民会因此生活得更快乐、更幸福吗？

如果你是奥特叔叔，你会把真相告诉村民吗？

这些问题会引发一些比较深入的思考，会引起一些争论，双方的观点没有绝对的对与错之分。有人认为真相很重要，“真、善、美”，为什么人们总是把“真”放在第一位？因为没有了“真”，“善”就是伪善，“美”就是假美。也有人认为了解真相并不是重要的事，维持村民们幸福、快乐的生活才是根本。事实并不会给人们提供什么是善、什么是幸福的答案，有时候人的感觉才是最重要的。这样的引发了多元观点的讨论，我们可以称其为多义性的讨论。

冒险小说以及动物小说等是比较容易从中找到“多义话题”的小说类型。因为在冒险小说里，主人公经常面对决定生死存亡的选择，而这些选择往往具有激烈的矛盾冲突。例如：

如果有机会，你会不会踏上冒险之旅？

野狗咬死了她的弟弟，为什么最终她却放弃了报复？换成你，你会放弃吗？

她每天都想着要离开这个荒岛，可机会来临的时候，她却犹豫了，你怎么看待这件事？……

我的实践表明，意图引发多义性的讨论或者引导多义性的讨论，是非常难的。但正因为虽难却意义非凡，我们才要去尝试。

六、在预测和推理中成为聪明的读者
—— 和孩子聊侦探小说

在西方，侦探小说也被称为“成人的童话”，是被随时随地阅读的文学，在飞机上、公共汽车里、咖啡馆里、海滩上、公园里，到处都能看到捧着侦探小说阅读的人。侦探小说对孩子也有着不可抵挡的吸引力。一位家长这样描述女儿对侦探小说的痴迷：“那本少儿版的《福尔摩斯探案集》她已经看了若干遍，让我再给她买新的探案故事，于是我一口气买了若干本。每次一到家她就目不转睛地看，手不释卷地看，走到哪儿都在看。书的内容我无法评价，但以爱读书的女儿的样子，我想这应该是本好书。”

侦探小说的魅力是什么？第一，侦探小说实际上是一个解谜的过程。一个滴水不漏的谜能充分激发读者的好奇心和窥探心理。第二，从小说中的人物来看，侦探小说中通常有一个充满魅力、机智过人的解谜人物，带领读者进入迷局，找出谜底。第三，侦探小说往往呈现出神秘色彩，悬念迭起，故事性很强。

侦探小说领域里不乏大师，例如柯南·道尔，例如阿加莎·克里斯蒂。尽管我不主张刻意净化儿童的文学阅读，但是成人侦探小说里的死亡、暴力、血腥、情爱、政治以及复杂的宗教观，儿童毕竟不宜直接面对。儿童侦探小说既适度过滤了这些元素，又保留了侦探小说的魅力 —— 步步为营、环环相扣的悬疑。不过，实话实说，目前市场上成熟的儿童侦探小说以引进为主，例如，凯斯特纳的《埃米尔擒贼记》、普鲁士勒的《大盗贼》、林格伦的《大侦探小卡莱》，还有奥地利的布热齐纳的《神探马克和“鬼怪”》系列、《冒险小虎队》系列和德国的舍夫勒的《老 K 探长》系列等。

让孩子喜欢上侦探小说，倒不是什么费力的事，需要费心思考的是孩子读完侦探小说后和他们聊什么。

1. 预测和推理的阅读策略

和重读一样，预测和推理是用得非常普遍的阅读策略。所有阅读无碍的读者都会预测。他们就像固执的侦探一般，会花时间 —— 即使只有阅读过程中的区区几秒钟 —— 想尽办法推理出故事的秘密。

读侦探小说就更是这样了，无论是谁，只要翻开侦探小说，看到一起错综复杂的谋杀案，自然就会想：谁（凶手是谁）？如何（作案过程）？为什么（犯罪动机）？每个人都会不自觉地在脑海中圈定自己怀疑的对象，然后根据作者提供的种种蛛丝马迹，进入寻幽探秘的过程。这种预测、解密几乎会贯穿阅读的始终，因为侦探小说最基本的特征就是“阅读之前没有真相”，作者抛出谜题后，会设置种种悬念，偶尔提供一丝线索，接着带你走进几条死胡同，你则在紧张、恐怖、焦急、期待中猜测、分析、判断、推理。

尽管都在预测、推理，水平还是有显著差异，有些读者预测得精确，有些读者任凭自己被故事的情节牵着鼻子走 —— 迷失在故事里 —— 做不出什么有意义的预测。其实，预测和推理是可以作为一种策略来练习的，练习多次以后，孩子们即可将此策略融入自己的阅读风格中。相比较而言，侦探小说是最适合练习预测和推理的小说类型。提出下面这些问题，就可以有意识地帮助孩子们将预测和推理变成一种有意的行为。

你从书中第（　）页人物的话中了解到了什么？

在这三页的场景描述中，你觉得哪些细节可能是重要的破案线索？

根据这个事件，你能推断出此人可能会做什么吗？

想想一个角色的三项决定，解释这些决定使你对此人有何了解。

这个事件、决定、冲突可能会造成什么后果？

什么是必须解决的神秘事件？故事地点如何影响神秘事件？

作者设计了哪些故意让你走上岔路的线索？

主角具备什么能使他或她解决谜团的个性特质？

你读到什么地方的时候才解开了谜团？为什么你做到了？

你认为什么地方最为“悬疑”？请与大家分享并解释原因。

当然，你可以更加精心地设计整个聊书过程。我在和孩子们聊那须正干的《绒毛猪的秘密》的时候，规定他们看完前半部分就不准往下看了。在最关键的地方被要求强行刹车，孩子们的胃口完全被吊起来了。阿慢被犯罪分子绑架，犯罪分子有很强的反侦查意识，他们把阿慢的头蒙起来，故意在城市里绕圈，可是，“活宝 3 人组”凭着侦查途中的所见所闻找到了犯罪窝点。犯罪窝点在哪里？哪些线索是有用的？“活宝 3 人组”是怎样推理的？那次读书讨论的主要任务就是 —— 老师和孩子们一起凭着独立分析、淘汰排队和逻辑推理等思考方法，找到答案。记住：只要作者把案件和所有线索都交代得清清楚楚，构思得合情合理，真相是瞒不过读者的，是可以被推理出来的。

2. 图像化的能力

没有人否认，人一生中的大量阅读应该是文字阅读。但是，现在很多孩子有“漫画中毒症”—— 只喜欢读漫画，不会读文字。为什么会这样？举例来说，“敌将发出震天的叫声，好像大树倒下来”这句话，在漫画书中只用“咚”一个拟声词来表示。漫画书中有实实在在的画面，小孩子轻松地就读懂了。而那些文字，他们看时根本没有画面感，享受不到阅读的乐趣。

应该说，所有注重细节描写的文学作品，包括侦探小说，都适合锻炼孩子的图像化能力，都可以鼓励、要求孩子将文字图像化。侦探小说总是致力于细致入微地描摹场景：卧室、书房、剧院、公园的一角……而且里面一些物件的摆放，直接影响着事件的发展，因此对物件的摆放位置、角度等不能有丝毫马虎。侦探小说也总是致力于描摹人物：嫌疑人、混淆视线的人物、真正的案犯、有个性的侦探……他们形神兼备，其中人物细小的局部的长相特征以及一些习惯性动作、一次不易觉察的表情流露都暗示着某些趋势、关系。所以，很多老师提倡孩子们将小说中的场景、人物形象画出来，至少提醒他们在脑海中努力还原小说中的场景、人物形象。下面这些问题就是可以培养孩子图像化能力的问题。

读这部分时，你看见了什么？

这个人如何走路、穿着？他（她）长什么样？

你能够从故事中找出帮助你看见一个地方或一个人物模样的文字吗？

什么故事细节帮助你在脑海中描摹出一幅景象？

什么地方让你难以在头脑中描摹一幅景象？

3. 小说的“知识背景”

很多人把侦探小说作家比喻成“狐狸型”作家，意思是指侦探小说作家像狐狸一样聪明。确实，侦探小说的特点决定了作者不仅要具有深厚的文学艺术功底、严密的逻辑思维能力，而且必须具备博大精深的社会科学与自然科学知识。主要面向成人的推理小说 —— 美国畅销侦探小说家丹·布朗的《达·芬奇密码》曾红极一时,《达·芬奇密码》电影公映以后，吸引了众多读者去读原著。原著进一步让我们确认丹·布朗具有现代网络信息学、密码学、符号学、宗教、历史、艺术和美术等学科领域广博而精深的知识。他的知识结构深受家庭的影响，他的父亲是位数学教授，母亲则是位音乐家，妻子是位艺术史学者兼画家。这样的知识背景使他创作的密码侦探小说《数字城堡》《达·芬奇密码》等充满了现代网络信息学、密码学、符号学的玄机。

还有一个有趣的现象可以说明侦探小说作家的知识是广博的，那就是侦探小说作家的学历普遍不高，但他们的职业经历却普遍丰富多彩：清洁工、摊贩、饭店服务员、校对、新闻记者、编辑、谍报员……三教九流、各行各业，他们多有涉猎。据说，日本的水上勉当过和尚，干过广告代理人、时装推销员……职业多达十九个。侦探小说作家喜欢把自己丰富的生活经验和爱好经过变形渗入小说之中，这样读者经常在不自觉中就知道了不少知识。

因此，读后的交流，很多人是围绕“知识”展开的。例如：

你觉得这本侦探小说的作者精通哪些学问？——“福尔摩斯探案”系列小说的作者柯南·道尔之所以成功塑造了福尔摩斯这个具有博物学家风采的侦探形象，是因为他具有医学、化学、解剖学、犯罪心理学和刑侦逻辑学等方面的知识。

小说里的侦探在侦查案件的过程中，用到了哪些知识？——日本那须正干的儿童侦探小说，破案过程涉及气象学、物理学、心理学和光学等知识，作品图文并茂。

读完小说之后，你觉得你增加了哪些知识？

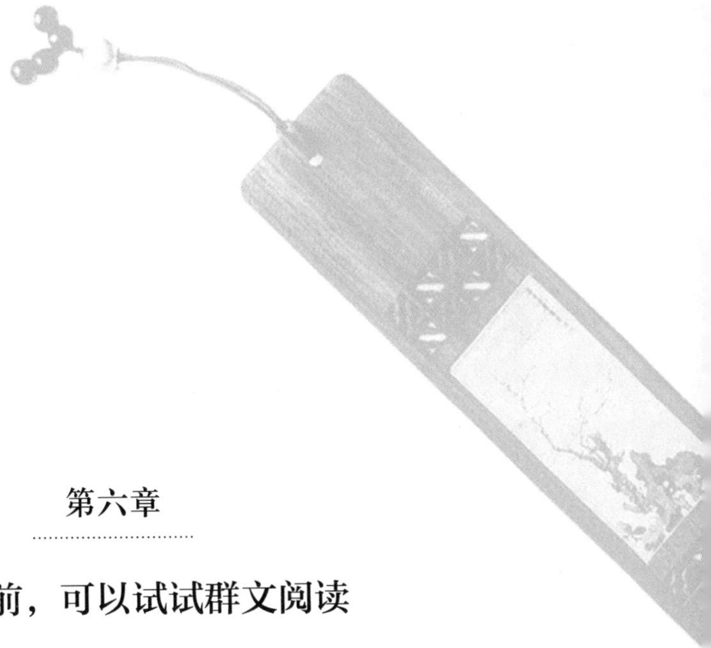

第六章

聊书之前，可以试试群文阅读

在碎片化阅读的时代里，给孩子一块吸住碎片的磁铁，这就是群文阅读想做的。

有老师跟我说，自己是偏远山区的，学校里没书，让家长买书，在实际操作中遇到了种种困难。

有老师跟我说，让孩子们买书没问题，但是语文课的学习任务本来就很重，“赶课”都来不及，哪有那么多时间让他们看书讨论呢?

还有家长跟我说，工作特别忙，每天到家里就不想动了，实在没那么多时间和孩子一起阅读与讨论一本书。

既然如此，那就可以试试群文阅读。

一、从两个群文阅读案例说起

2007年，台湾的陈易志老师在南京的一次教学研讨会上上了一节群文阅读课，课上他让孩子们读了六篇文章——《石头汤》《雷公糕》《南瓜汤》《敌人派》《爷爷的肉丸子汤》《兔子蛋糕》(绘本)，然后鼓励他们进行比较阅读(内容、叙写手法、文学要点的比较)，引导他们进行交错分析(《石头汤》里的和尚会如何解决《敌人派》里的困难)。现场听课的一位老师写下了听课时的感受:“这节冷清的课，只有老师温柔、平静的声音通过话筒传播在会场中，孩子们在忙碌着看书、思考、陈述、倾听。的确是不够热闹，如果放到公开课评审系统中，估计连入场的资格都没有。但这的的确确是一节阅读课，一节真正让孩子们学习阅读的阅读课。那么，我们的课堂，能否接纳这样的教学?”

很显然，听课的老师对群文阅读感到非常新鲜，有点儿惊异，觉得它与我们传统的课文教学有点儿“格格不入”，但是又“直觉”到它的巨大价值，内心处于一种想尝试又不敢涉及的矛盾中。赵镜中教授在第七届全国小学语文青年教师阅读教学大赛暨课堂教学观摩会的主题演讲中，这样描述台湾地区课程改革后阅读教学的一种变化：“在台湾地区大力推动儿童阅读运动的影响下，学生的阅读量开始增加。虽然教师还是习惯于单篇课文的教学，但随着统整课程概念的推广，教师也开始尝试群文的阅读教学活动，结合教材及课外读物，针对相同的议题，进行多文本的阅读教学。”这段话里，出现了“群文”这个概念，并且大致描述了群文阅读的方向：多个文本、同一个议题、教学。

2010 年 10 月至 11 月，我反复上教材里的一篇神话《开天辟地》—— 改变问题，调整环节，变换策略，教学方案换了好几个，最终的教学效果也不错：孩子们生字认识了，词语理解了，故事会讲了，盘古的精神也了解了……总而言之，教材规定的教学目标，基本上都达成了。可是我总觉得不过瘾，总觉得有遗憾 —— 神话的神奇与隐秘孩子们并没有感受到，他们对神话没有那种发自内心的好奇感，我真的感觉挺没劲的。

于是，我要“开天辟地”似的大刀阔斧地换一种上法 —— 我在 50 分钟的时间里，让孩子们读了 7 篇神话（详见《怎么教群文 ——“创世神话”群文阅读课堂实录》)。在那堂课上，孩子们疑惑、好奇、不解、发现，在一种轻松而又充满挑战的氛围里，发现了神话的许多“秘密”，发现了一些神话“母题”。他们在创世神话中发现了哪些神话母题呢？

1.“宇宙卵”的母题

天地之初，混沌一片。什么是混沌？可做混沌的比喻很多，例如，“初烹时，茶叶乱浮，清浊不分，此混沌象也”。但神话都喜欢把混沌的宇宙比作“卵”，即宇宙最初像一个大蛋。《开天辟地》里说“整个宇宙混沌一团，像个大鸡蛋”，在伊朗神话、印度神话、罗马神话等诸多神话中，都有这样的描述：宇宙或者是鸟蛋，或者是金蛋，或者是石蛋。这就是“宇宙卵”的母题。

2. “英雄创世”的母题

《开天辟地》的故事结构是非常明晰的：先是说宇宙混沌，昏天黑地；接着说盘古大刀阔斧，开天辟地；最后说盘古化生万物，改天换地。这就是典型的神话故事结构，很多神话故事的结构都是这样的：人类的苦难 —— 神（英雄）的出场 —— 神的肉身消失或者重生。即使长篇如《西游记》，也是如此 —— 为取真经，历经九九八十一难，最后功德圆满。在这种叙事结构中，英雄是非常重要的。在《开天辟地》里是盘古，在《女娲造人》里是女娲，在《后羿射日》里是后羿，在其他神话中，也总会出现一个神、一个英雄来拯救世界，帮助人类。这就是“英雄创世”的母题。

3. “垂死生化”的母题

盘古死后，他的身体各个部分化为万事万物。在其他神话中，这样的想象也是屡见不鲜的，神化成动物的身体器官，化成日月，化成山河，化成风云，化成庄稼。如果说“宇宙卵”和“英雄创世”的母题还只适用于部分创世神话，那么“垂死生化”的母题则是创世神话的普遍共性。

在看完这三个神话母题的描述后，你或许会觉得对小学生来说，这太难、太深了。但是，我必须强调的是我在课堂上的切身感受：孩子们始终处于一种自发的探索与发现中，讨论是那样积极而热烈，尤其是当他们得知老师是不会将讨论结果作为考试题目的时候，更是放松、坦率。而且，我自己感觉这是一种“深入浅出”“适可而止”的境界。这是由群文阅读带来的。

于是，我决定开始研究和实践群文阅读。

二、怎样组合这“一群”文章

群文阅读成功与否，在很大程度上取决于我们把怎样的文章放在一起，如何放在一起。有人可能会问：教材里不是已经有一组一组的文章了吗？有的地方不是已经在尝试“单元整组”教学了吗？你为什么要另起炉灶呢？这真是个关键问题。在我眼里，教材里的一组一组文章，虽是把一篇一篇文章放在一起，但关联性不大，结构性不强。

“群文”最应该强调的就是它的结构性。这种结构性是教材里的单元做得还不够好的。这种结构性体现为以下两点。

1. 组合的线索非常明确

以文学类文本为例，“反复结构的故事”群文的组合线索是表达形式，“友情诗”群文的组合线索是人文主题，各个版本“龟兔赛跑”群文的组合线索是故事内容，“淘气包”群文的组合线索是故事中的人物，“创世神话”群文的组合线索是体裁，“老舍文章”群文的组合线索是作者。线索虽然丰富多样，但相对明确。这种线索明确的一组一组的文章，如果教学跟进得好，在某种程度上可以弥补叶圣陶先生所担忧的单篇阅读的弊端：“现在的精读教材全是单篇短章，各体各派，应有尽有。从好的方面说，可以使学生对于各种文体都窥见一斑，都尝到一点味道。但是从坏的方面说，将会使学生眼花缭乱，心志不专，仿佛走进热闹的都市，看见许多东西，可是一样也没有看清楚。现在的国文教学成绩不能算好，一部分的原因，大概就在宣读单篇短章，没有收到好的方面的效果，却受到了坏的方面的影响。”

2. 线索背后有明确的意图

一群文章按一定的线索放在一起的意图一定要明显：有的是要引发孩子们的认知冲突，有的是要强化孩子们的某种认识，有的是要丰富孩子们的多元理解，有的是要孩子们领会读某类文本的方法……笔者所实践的“创世神话”群文阅读（详见后面的课堂实录），选用了七个不同地区的创世神话，就是要孩子们在比较阅读中主动去发现和思考。这一组文章的“相似处”和“不同点”都显而易见，尤其是“相似处”，可以引发孩子们强烈的好奇心和探究欲：为什么不同地方的创世神话都把远古的世界想象成一个蛋？为什么不同地方的创世神话都有一个不畏艰险、法力无边的大神？为什么不同地方的创世神话最后都是神的身体化成了万事万物？为了找到这七个神话，我真是费尽周折。这种“费尽周折”的意义在于它让孩子们在较短的时间内经历、体验了较高水平的研究性阅读。再如，在一堂群诗阅读课中，引领者所选的五首友情诗分别叙述了友情的不同面向，包括朋友之间的生离死别以及争执，让孩子们多角度地去探讨“什么是朋友”，丰富了他们对友情的理解。这五首诗歌也是精挑细选的，“精挑细选”的意义在于它让孩子们在有限的阅读中经历、体验了较高水平的思考性阅读。

附：三至六年级群文目录

三年级

“反复结构的故事”一组

“中外同主题寓言”一组

各个版本“三只小猪”的故事一组

有关“傻瓜”的故事一组

“淘气包”文章一组

民间“聪明人”故事一组

“礼物”的故事一组

“神奇的宝物”故事一组

“英雄”故事一组

和“北纬30度”有关的文章一组

“不同体裁说明同一知识点”文章一组

四年级

各个版本“三个儿子”的民间故事一组

“同一个故事不同的结局”故事一组

“我们为什么不能撒谎”文章一组

“有特色的人物外貌描写”文章一组

“大作家也写流水账”文章一组
“打架了”文章一组
穿越式幻想小说一组
“鬼故事”一组
好玩的“汉字”故事一组
不同体裁中的“狼”文章一组
“怎样当爸爸”文章一组
“如何面对灾难”文章一组

五年级

“创世神话”一组
突出“声音”的文章一组
突出“色彩”的文章一组
结尾出人意料的“小小说”一组
“一句话在文章中多次出现”文章一组
“吝啬鬼”文章一组
“经典演讲词”一组
老舍文章一组
“我们做怎样的小孩”文章一组
西顿“不说话的动物”故事一组
“从不同角度看待同一事物”文章一组
自己画插图的著名作家文章一组
“人物传记”一组

六年级

“造人神话”一组
父母与孩子的“通信”一组
鲁迅文章一组
“一部作品不同人翻译”文章一组

谈论“死亡”的文章一组

谈“人与环境”文章一组

“幽默”文章一组

“微观世界”文章一组

民间爱情故事一组

“经典遗书”一组

/ 开发者：杭州市天长小学群文阅读研究小组 /

三、为聊书做准备
—— 群文阅读的教学取向

从单篇阅读到群文阅读，再到整本书阅读，群文阅读是一个中间状态。

我们必须思考：相对于单篇阅读，群文阅读的价值究竟在哪里？相对于整本书阅读，群文阅读究竟提供了怎样的准备？

也就是说，我们心里必须弄明白：群文阅读到底侧重于培养孩子们哪些阅读品质，以便他们最终能以更好的状态去挑战阅读整本书？

1. 快 —— 阅读要有速度

我发现很多孩子阅读速度偏慢，一本书经常一个星期都读不完。到了三年级，一定要开始强调阅读速度，除非有特别的阅读障碍，一般不允许孩子手指着文字慢慢地逐字逐字读。

过去，信息交流缓慢、不够准确、有限并且昂贵；如今，交流变得快捷、相对准确、无限而且廉价。我们身处一个“海量阅读”的时代，浩如烟海的信息要求每一位成熟的读者每天都要进行理性选择、分析和理解。因此，那些帮助我们获取信息、更适于思考的阅读方式，如浏览、略读、跳读等，理应得到我们的重视。群文阅读就是让孩子们实践这些阅读方式，让他们不断尝试在 40 分钟的时间里读完 4 篇、8 篇甚至更多文章。一定要强调阅读速度，甚至直接教他们提升阅读速度的方法。

可以这么理解，在孩子还不能以一定速度读整本书之前，群文阅读是一种非常好操作的练习方式。

2. 效率 —— 阅读要有方法

在第四章中，我集中介绍了一些实用的阅读策略，例如重读、比较、图像化、联结、统整等。然而，学校里单篇课文的教学在阅读策略的学习方面做得并不好，以至于很多孩子读整本书时，明显像新手。

群文阅读可以依凭“多文本”的独特优势，教孩子们一些实用的阅读策略。例如，我们把一组从不同角度介绍南极洲的文章放在一起，孩子们自然就会“统整”，通过统整建构起相对完整的南极洲印象；我们把以“狼”为主要角色的寓言、童话、纪实动物故事放在一起，孩子们自然就会“比较”，通过比较了解不同体裁对狼的刻画是不同的；我们把一组有关《西游记》的读后感放在一起，孩子们自然就会“联结”，在联结中思考故事对自己的启发；我们把一组有关新闻论战的文章放在一起，孩子们自然就会“辨析”，从而认识到在一个“多元共生，众声喧哗”的信息社会中，能做出自我分析、决断是多么重要，它可以让你成为信息的主人，而非奴隶。

在群文阅读中，我们就是要让孩子们多了解、多尝试实用的阅读策略。一旦他们掌握了多种阅读策略，读整本书就容易多了。

3. 读出你自己 —— 阅读要有姿态

苏联的克鲁普斯卡娅在 20 世纪初就有一个“石破天惊”的教育观点：在学校里往往只发现记忆力 —— 读课文、讲述、背诵。这么多年过去了，情况并没有多少改善。

这样的阅读教育，会培养出怎样的读者呢？王小妮教授在自己的著作《上课记》里通过一个一个真实的“案例”给出了答案：喜欢鼓掌，喜欢接受现成的答案，喜欢背诵，没有问题，不会质疑，不适应自己去发现新的东西……我自己在和孩子们聊书的过程中，也发现了太多这样的“不会”，这种“不会”不是天生的“不会”，而是因为在学习阅读的关键时期，缺少“发现式阅读”的体验。

群文阅读主张“发现至上”，希望孩子们在有限的时间内经历较高水平的探究性阅读，体验发现的乐趣。有人会问：在一篇一篇文章的教学中难道没有“发现”吗？有，当然有，但是在单篇阅读中，孩子们的发现往往是通过老师的“讲”，老师的“问”，老师层层递进、步步为营的“环节设置”慢慢诱导出来的。这样的“发现”，他人的帮扶过多，对真实发现的帮助不大。

群文阅读期望文章本身就能引发困惑，启动思考，最终引出发现。在实践中，我们发现“明显的异同点可以启动思考，引发探究”。我们将经典的幻想小说的开头放在一起，孩子们就能归纳、梳理出幻想小说的一个特点：幻想小说中的世界一般是二元世界，现实和虚幻可以往来“穿梭”，而从现实世界到虚幻世界，总有一个特定的“入口”。

我们也发现“强烈的认知冲突可以启动思考，引发探究”。在“愚公移山”群文阅读中，我们把两个版本的“愚公移山”放在一起。一个是传统版《愚公移山》，出自《列子·汤问》，寓意做事要坚韧不拔、坚持不懈，坚持到底就会胜利。一个是美国绘本《明锣移山》，同样是讲一对老夫妻要移山，但解决方式与愚公截然相反，他们是通过搬家“移掉”了挡在面前的高山。这两种相对的解决问题的方式形成了强烈的认知冲突，强烈的认知冲突又引发了孩子们深层次的思考。

我们还发现“独特的排列可以启动思考，引发探究”。例如，我们把两千多年前孔子及同时代古希腊、古印度的哲学观点放在一起，这样孩子们就有了别样的角度——世界性的视野与眼光。

群文阅读的方向，就是希望在我们的课堂上，真的让孩子们提问题，提真的问题，真的解决问题，最终有所发现。

四、怎么教群文
——“创世神话”群文阅读课堂实录

［上课时间：2011 年］

［上课地点：杭州］

1.“创世神话”的由来

师：我们先来讨论一个巨大的问题：世界是如何形成的？我们这个世界，有天空，有大地，有满天的繁星，有山，有水，有花草树木，有鸟兽虫鱼……这样一个漂亮、丰富的世界，是怎么形成的呢？请你们把对这个问题的理解在小组里交流一下。

（生讨论）

师：各个小组讨论得很热烈，我在听你们的关键词：有的小组说到了盘古，有的小组说有一双看不见的巨大的手创造了这个世界，有的小组说到了“宇宙大爆炸”……说法很多，如果让你们选择一种比较科学的说法，你们会选择？（生答“宇宙大爆炸”）是的，“宇宙大爆炸”是许多伟大的科学家通过先进仪器进行大量观测后所做出的一个推测。这个推测目前也被大部分科学家所接受。关于“宇宙大爆炸”，我推荐一本书——《万物简史》。我很佩服这本书的作者，他用通俗易懂的语言深入浅出地为我们介绍了科学，其中就有“宇宙大爆炸”。让我们来看一看书中是怎么介绍“宇宙大爆炸”的。

（生观看 PPT“宇宙大爆炸”资料，师介绍）

师：“宇宙大爆炸”就是这样的。我有一个疑问，如果我们把时间退到一两千年前，有一个小孩问他爷爷：“爷爷，世界是怎么形成的？”他爷爷会不会说“宇宙大爆炸”？

生：（异口同声）不会。

师：为什么这么肯定？

生：因为那时候的人根本不知道“宇宙大爆炸”。

师：那他会怎么回答这个孩子的问题呢？

生：爷爷会说“盘古开天辟地”的故事，告诉孙子是盘古创造了世界。

师：但我们现在都知道这是“假”的呀，为什么要讲这个假故事给他听呢？

生：古代的人不会认为这是假的，他们认为世界就是这么来的。

师：当时，原始人相信世界就是盘古开天辟地而来的。因为相信，所以流传。我同意这个观点。如果我们再换一幅画面，比如，有一个古代欧洲的小孩，问他爷爷：“这个世界是怎么形成的？”那他爷爷是不是也跟他讲盘古开天辟地呢？

生：不会。

师：为什么？

生：国外古代的时候科技比较发达，所以可能知道一点儿。

师：错了，如果你看过《万物简史》就会知道，西方也是到了近代才有了科技的迅猛发展。

生：在外国的古代，爷爷会跟他讲亚当和夏娃。

师：想到国外，他马上想到了亚当和夏娃。他的意思是国外也有自己的神话。

2. 发现神话的民族色彩

师：我们今天先来读读国外的创世神话。我待会儿发材料，有两个创世神话，请你读完后猜测一下这两个创世神话是哪个国家的。文章后面有一个范围供你们参考。

（师发材料，生读）

师：我们先来看第一个神话——《诸神创世》。你觉得这个神话是哪个国家的？我发现这个同学判断的思路很有意思，请你向大家介绍一下。

生：我觉得这是蒙古神话。文章的最后一段写道：“人们以游牧为生。”蒙古就是一个大草原，所以这说明这个神话是在蒙古流传的。

师：这确实是个蒙古的创世神话。刚才小组交流的时候，我听她用了排除法，你能跟大家讲讲吗？

生：我觉得古埃及是信仰法老之类的，所以我第一个排除了古埃及。美国也不可能是，美国的历史那么短。而印度和日本也不像，因为这个神的名字不像印度人或日本人的。

师：她用了排除法，是否严密暂且不说，但这个思路非常好。最后，通过抓取细节，她确定了是蒙古。原始的蒙古人认为原始的世界就是一片大草原，因为他们没有看到过高山、大河。第二个神话，你们认为是哪个国家的？

生：我觉得是日本的。从文章中出现的神的名字就可以看出有日本的味道。

师：非常好，这个同学是从名字来推测的，还有没有其他线索？

生：这个神话里，说神创造的世界是一个岛。所以，创造这个神话的民族很可能生活在岛上，而日本就是一个岛国。

师：是的，第二个神话确实是日本的创世神话。读了这两个创世神话之后，你有什么发现？

生：我觉得每个民族的神话都不太一样。

师：有这个感觉了，能不能说得更明确一些？

生：每个民族的神话都有自己的特色。蒙古人生活在大草原上，他们的神话就说这个世界就是一片平整的草地。日本人生活在岛上，他们就说这个世界就是一个岛。

师：是的，不同民族的创世神话，他们的想象跟他们生活的地方、他们民族的生活习惯是有很大关系的。蒙古的神话有蒙古的特色，日本的神话有日本的特色、日本的元素。你们同意吗？

生：同意。

师：通过比较阅读，大家在这一点上似乎达成了共识。那么，请你们运用自己的“发现”去猜测一下冰岛这个国家的创世神话。要想象冰岛的神话，我们要先了解一下冰岛这个国家。它属于北欧，常年气温比较低，冰山多。但很多人也把冰岛称为冰火两重天，因为那里既有很多冰山，也有很多火山和温泉。世界是怎么形成的？生活在那里的原始人会怎么想象呢？四人小组讨论一下。

（生讨论）

师：我发现那个女同学讲得挺投入的，你来说说你的想象，冰岛神话会是怎样的？

生：我认为冰岛神话是这样的：世界原本是两块，下面都是地，天上的神用火和冰把这个世界分成了好几块，然后就变成了世界。

师：好，这就是她想象的冰岛神话。有没有补充的或其他想法？

生：我们组是这样想的：冰神和火神打仗，他们想争夺冰岛这一块地，最后打得不分胜负，所以就平分了。冰岛就既有火，又有冰。

生：我给刚才那个同学补充一下。我觉得是冰神和火神打仗，他们不分胜负后就混在了一起，最后同归于尽了，世界就变成了一半火一半冰。

师：下面，就是我们欣赏神话的时刻。欣赏的同时，你们会发现你们的猜测在这个神话里能找到痕迹。再做一点儿心理准备，北欧的神话还有一个特点——他们的神话中，神比较多。

（师读《巨人伊密尔》，生聆听）

师：这就是冰岛的神话，有明显的冰岛元素、冰岛特色。原始人的想象力很强，但还是受到他们生活环境、习惯的影响。我们反过去看我们学过的《开天辟地》，我建议你们静下来读读我们的神话，能不能从中看出一些中国元素、中国特色？你们可以勾勾画画，现在开始思考。

（生读材料）

师：大家读得很仔细。我们在三年级就学过这篇课文，现在重新读也是蛮有意思的。你们有没有发现一些中国元素？有一个地方大家肯定都找到了，这个同学也画下来了。

生：盘古倒下来后，化成了东岳泰山、南岳衡山、西岳华山、北岳恒山、中岳嵩山。

师：这些山都是中国特有的。我们来看一下，看你们对我们的地理概念了解得怎么样。

（师在黑板上画五岳、长江、黄河，并解释）

师：东岳泰山在哪个省份？（生答“山东”）西岳华山在哪儿？（生答“陕西”）北岳恒山在哪个省份？（生答“山西”）南岳衡山呢？（生答“湖南”）中岳嵩山？（生答“河南”）这些都是中国特有的山。神在这里还化为了河，你们最先想到了哪两条河？长江、黄河都被誉为我们的母亲河。这是显而易见的中国元素，还有其他的吗？

生：“天每天升高一丈，地每天加厚一丈。”文中的数据——“一丈”是中国人常用的数量单位。

师：这里的数量单位很有中国特色。说到“一万八千”，我想到中国人很喜欢“十八”“十万八千”等数字，它们在文学作品中经常出现。比如，孙悟空本领很大，一个跟头——十万八千里；李白有一首诗——《梦游天姥吟留别》，里面有一句“天台四万八千丈，对此欲倒东南倾”。还有其他中国元素吗？

生：盘古用板斧和凿子开天辟地。板斧和凿子，是中国民间常用的劳动工具。

师：古人崇尚劳动，早就认为劳动最光荣。（生笑）

生：还有一句：“精髓变成明亮的珍珠。”中国人很喜欢明珠等东西。

生：故事里边的句子很多都是对仗句，这个在三年级的时候老师就讲过了。

师：是的，其中最典型的一句就是“轻而清的东西冉冉上升，变成了天；重而浊的东西慢慢下沉，变成了地”。仔细找找，里面确实有许多中国元素。各个民族的神话都有自己的民族元素、民族特色。中国的《开天辟地》有中国的特色，蒙古的《诸神创世》有蒙古的特色，冰岛神话有冰岛的特色。

3. 发现神话的母题

师：下面，我再请你们欣赏一些神话，你们会有新的发现。

（生读材料）

师：看完了吗？蒋老师三十多岁了，就我的阅读经验而言，把同一个主题或者体裁的文章放在一起，有时会有许多发现。我们把这三个神话放在一起，它们有没有共同点？

生：我发现每个神话开头都说这个世界一开始是一个蛋。

师：世界一开始就是一个蛋，不管是石蛋、鸟蛋、鸡蛋……反正他们都认为最开始的混沌世界就像一个蛋。

生：每个神话都说是神把他自己的某个部位化成了世界上的事物。

师：到最后是神的身体化为了整个世界，化为了万事万物，这是第二个共同点。

生：这三篇文章中，都有时间，第一篇是一千年，第二篇是三千年、九千年……

师：创世的时间都非常漫长。

生：每个神话里都有一个能力很大的神，是这个神创造了世界。

师：是的，这个世界在混沌一片的时候，往往会出现一个神，这也是一个共同点。很多神话学家、史学家在读神话的时候也在梳理，发现了很多共同点。

（师出示 PPT，呈现神话的共同点）

中国神话	伊朗神话	罗马神话	印度神话
鸡子	鸟蛋	石蛋	金蛋
盘古	阿胡拉·马兹达	密特拉	大梵天
身体生化	身体生化	身体生化	身体生化

师：我看到这些共同点后，脑子里就有疑问了，相信你们也有疑问。

生：我在想："为什么不同民族的创世神话有这么多相似点？他们为什么想到一块儿去了？"

生：为什么不同地方的原始人都认为原始世界像一个蛋？

师：这些民族或国家的原始人能不能像今天的人一样发一个 e-mail："今天我创作了一个神话，你怎么样？"或者打个电话商量一下？大家都笑了，这是不可能的。大家肯定有一个疑问：他们怎么想着想着就想到一块儿去了呢？这个问题很有意思，小组讨论一下：为什么大家都把混沌的原始世界比作一个蛋？为什么大家都想象成一个神创造了这个世界？为什么大家都不约而同地认为是神或动物的身体化为了万事万物？我相信你们都有你们的解释，没有唯一的答案，你们可以大胆地推测。

（生讨论）

师：说来听听，为什么那么多不同的民族会把原始世界比作一个蛋状的物品？

生：我们小组认为是因为大陆漂移。

师：为什么有共同点？一开始所有的人都是生活在一起的，后来因为板块分离，所以人类分开了。但是他们的祖先是生活在一起的。这也是一种推测，我在一篇关于创世神话的论文中看到过这种推测。

生：我认为鸡蛋里黑乎乎的，当时混沌的世界也是黑色的。

师：哦，你认为用鸡蛋来比喻混沌的原始世界，比较恰当。

生：我认为有两个原因，一个是世界上所有的星球都是圆的，还有一个是鸡蛋是封闭的。我估计原始人也认为宇宙是永远都走不出去的。因为这些原因，所以他们想到了蛋。

师：蒋老师很激动。这位女同学说了非常重要的两点。第一，原始人认为这个世界是封闭的。第二，原始人看到的重要的物体——太阳、月亮、星星都是圆的。我再补充一点，原始人看到的新生命，往往都是从圆的蛋壳里孵化出来的，这让原始人印象深刻。因此，他们都不约而同地想到了蛋。最后，请同学们想象一下：为什么原始人会不约而同地想象到是神的身体化为了万事万物？

生：人们往往觉得世界上的很多事情都是很奇妙的，以人类的力量是不能做到的，所以就想到了神的魔力。

师：我听明白了，原始人面对万事万物、自然界的千变万化，无法解释，觉得人力不能及，最后只能信赖神。其实，神话大都有这样的特点，包括中国的神话，当人类面临困难或危难时，就会出现一个神。能举个例子吗？

生：“女娲补天”。

师：是啊，天忽然破了，出来了一个神，她的名字叫女娲。

生：“后羿射日”。

师：天上十个太阳，民不聊生。最后，出来了一个神来帮助大家，他就是后羿。这样的神话还有“大禹治水”、西方神话中的“普罗米修斯”。

师：还有一个疑问：你们怎么理解神话中的世界万物都是神或者动物的

身体变化来的？

生：世界上的万物都是神创造出来的，人没有能力，所以还是只能依靠神来创造万事万物。

师：对神的信任和依赖延续到了神死后。

生：神的身体比较大，它可以将身上的所有器官贡献给地球。

生：人们见不到神，就想到神为了创造大自然牺牲了自己。

师：尽管神死了，但我们还是相信他与我们同在，只是用另外一种方式。

生：神是创造世界的，神很伟大，我们脚下踩的大地等都是神创造的，就让神变得更伟大一些吧。这说明了当时人们对神的崇拜。

师：对，这个关键词非常重要——“崇拜”。同学们，这样读神话就很有意思。蒋老师要问最后一个很纠结的问题。开始的时候我问大家世界是怎么形成的，大家都不约而同地告诉我：“宇宙大爆炸”、质子、中子……因为我们都经过了科学的教育和训练，我们都相信科学。那为什么还要读神话呢？

生：这个世界不应该很呆板，应该有各种各样的想法。这样的世界会让我们觉得很活跃、很有意思。

师：她说的话真是值得琢磨呢！我们的想法应该像这个世界一样，丰富一点儿。

生：到现在为止，人类还不知道到底是什么创造了世界。他们说的神话万一就是真的呢？

师：他没有完全否定神话中的一些原始的智慧。很多人认为有史前智慧，也就是说，在我们人类存在以前，已经有高度发达的文明。它们虽然消失了，但是通过某种基因传到了人类手里。这也是某些科学家的推论。

生：这种神话寄托着人们的希望。

师：神话寄托着一个民族的希望，我们的“开天辟地”里面就有我们民族的精神。

生：如果我们不断地研究和学习，就会发现神就像一个英雄。

师：他其实是一个英雄崇拜主义者，他觉得我们这个社会需要英雄。就像世界之初混沌一片，大家希望有一个神出现一样。

（师播放 PPT，并配乐朗诵《开天辟地》）

师：你从《开天辟地》里看到了什么精神？

生：我看到了一个舍生救全人类的盘古。

师：是的，在关键时刻，为了大家不惜牺牲自己的生命。

生：我从他的身上看到了坚持的精神，他能站在天地之间，用身体承受天地的重量，还要经受内心里时间的过去。他有着非常能坚持的精神。

师：中国人向来崇尚忍辱负重。

生：而且一旦有了一个目标，就会不断向那个目标努力。

师：是的，中华民族经历过一些坎坷，但是看到目标，我们的祖先还是会不断努力！

生：盘古的心胸很广阔，他最后是微笑着倒下的。他没有因为自己的生命要结束了而在那里哭泣。他救了整个人类，是微笑着倒下的。

师：最后，我总结一句：我们的神和西方的神很不一样，《圣经》里的《创世纪》，创造世界轻轻松松，第一天创造了什么，第二天创造了什么，最后一天累了休息，是星期天。我们的神忍辱负重，一万八千年后又几千万年，最后他微笑着倒下了，他看到的是光明的未来。所以，一个民族的神话中有很多民族元素。我们还可以继续读神话。

下课！

附：资料集锦

诸神创世

在比太古还古的时代，天地不分，世界一片混沌，似浮动的云雾、飘荡的脂膏，轻轻蠕动。

不知过了几千几万年，产生了明暗清浊的物团。于是，轻清之物上升为天，重浊之物下凝为地。天上出现了以“多伦敖登腾格里”（即“七星天”）为主的东、西、南、北诸神共九十九尊天神。在这些天神下还有几千万个“布日汗”（星神），从此天上呈现出一派光辉灿烂的景色。

但是，地界还处在一片漂浮的状态，土地不凝固，无草木生物。于是，诸神加固土壤，使土地变得平平整整，并从天上撒下草籽，把照天神模样造的人送到地上，从此地上有了人类，有了草木生灵。

人们以游牧为生，没有罪恶和灾难，日日过着安宁幸福的生活。

淤能棋吕岛

伊奘诺尊和伊奘冉尊诞生后就一直生活在高高的天上，但是天上太清静、太超脱了，他们常常感到气闷无聊。

一天，伊奘诺尊和伊奘冉尊闲逛到天浮桥上。这天浮桥横卧在天海之间，上面是渺渺的天国，下面是茫茫的大海。走着走着，二神突发奇想，商量说："我们何不在这波涛汹涌的大海上创造一片属于我们自己的乐土呢？"说干就干，伊奘诺尊和伊奘冉尊一起握住一支镶着美玉的长矛，齐心协力向大海扎去，扎到底后又猛力往上一提。说时迟那时快，只见一股巨大的水柱冲天而起，而后又奇迹般地朝下倒灌，海水中的沉积物慢慢地凝聚、堆积。顷刻间，无边无际的大海中矗立起一座岛屿，这就是淤能棋吕岛。

伊奘诺尊和伊奘冉尊从天浮桥跳到淤能棋吕岛上，兴奋地打量着眼前的一切。为了纪念这神圣无比的创造，他们在岛上竖起了一根圆柱形巨石，取名为"天之御柱"。

始祖大梵天

创世之时，没有太阳，没有月亮，也没有星辰，只有那烟波浩渺、无边无际的水。混沌初开，水是最先创造出来的，而后水生火。由于火的热力，火中冒出一个金黄色的蛋。

这个蛋在水里漂了很久很久，一千年后，金蛋中诞生了万物的始祖——大梵天。这位创世之神用神力将蛋壳一分为二，上半部成了苍天，下半部变为大地，为使天地分开，梵天又在它们之间安排了空间。

始祖大梵天，站在大地上，确定了东、南、西、北的方向，奠定了年、月、日的概念，然后用水、火、土、气、以太五要素，塑造了起伏的高山、辽阔的平原、曲折的河流，这个世界变得丰富多彩起来。后来，大梵天又用自己的身体化为了生活在这片土地上的人民。他的头化为了神官，他的胳膊化成了皇帝和贵族，他的躯干化成了平民，他的心化成了人的语言、情欲、愤怒、欢乐、忏悔……

世界的一切都是大梵天化生的，大梵天是世界的本源。大梵天是大地上的人类最尊崇的主神。

阿胡拉·马兹达

创造天地万物之前，整个世界由光明和黑暗组成，它们存在于无限的时间和空间之内。光明由善神阿胡拉·马兹达掌管，黑暗由恶神安哥拉掌管。

善神阿胡拉·马兹达用质地为阳性的金刚石创造了一个光辉夺目的宇宙，那是一个椭圆形的物体，像一个大鸟蛋。卵黄就是大地，卵壳就是天空，中间有虚空隔开。善神阿胡拉·马兹达打算用一万两千年的时间在这个宇宙中创造万事万物。

在头一个三千年里，善神阿胡拉·马兹达和恶神安哥拉相安无事，互不干扰。阿胡拉·马兹达趁机创造了原牛和原人。

在第二个三千年开始时，恶神安哥拉开始向光明世界进攻。阿胡拉能预知未来，他知道九千年后黑暗世界将最终消失，所以他和恶神安哥拉约定双方持续斗争九千年。安哥拉只能知道过去，就同意了这份约定。

最后的时间到了，安哥拉感觉到自己的神力慢慢消失，惊慌失措。在自己的身体瘫痪之前，安哥拉创造出毒蛇和各种害虫，发起最后的进攻。这些毒物咬死了原牛，原牛死之后，眼睛变为日月，毛皮变为群星，尾巴化成谷物，骨头化成了山，血液化成了大海，眼泪变成了河……一个完整的宇宙终于得以构成。

开天辟地

传说在很久很久以前，天和地还没有分开，整个宇宙混沌一团，像个大鸡蛋。有个叫盘古的大神，昏睡了一万八千年。一天，大神醒来，睁眼一看，周围黑乎乎一片，什么也看不见。他一使劲翻身坐了起来，只听"咔嚓"一声，"大鸡蛋"裂开了一条缝，一丝微光透了进来。大神见身边有一把板斧、一把凿子，他便随手拿来，左手持凿，右手握斧，对着眼前的黑暗混沌，一阵猛劈猛凿，只见巨石崩裂，“大鸡蛋”破碎了。轻而清的东西冉冉上升，变成了天；重而浊的东西慢慢下沉，变成了地。

天和地分开后，盘古就头顶天，脚踏地，站在天地当中，随着它们的变化而变化。

天每天升高一丈，地每天加厚一丈，盘古的身体也跟着长高。这样又经过了一万八千年，天升得极高了，地变得极厚了，盘古的身体也长得极长了。

这个巍峨的巨人，就像根长柱子似的，撑在天和地之间，不让它们重新合拢。

几千万年过去了，天不再升高，地不再加厚，而盘古也精疲力竭。他知道天地再也不会合拢，就含着微笑倒下了。

盘古临死前，他嘴里呼出的气变成了春风和天空的云雾；声音变成了天空的雷霆；盘古的左眼变成太阳，照耀大地；右眼变成皓洁的月亮，给夜晚带来光明；千万缕头发变成颗颗星星，点缀美丽的夜空；鲜血变成江河湖海，奔腾不息；肌肉变成千里沃野，供万物生存；骨骼变成树木花草，供人们欣赏；筋脉变成了道路；牙齿变成石头和金属，供人们使用；精髓变成明亮的珍珠，供人们收藏；汗水变成雨露，滋润禾苗；呼出的空气变成轻风和白云，汇成美丽的人间风光；盘古倒下时，他的头化作了东岳泰山，他的脚化作了西岳华山，他的左臂化作了南岳衡山，他的右臂化作了北岳恒山，他的腹部化作了中岳嵩山。传说盘古的精灵魂魄也在他死后变成了人类。所以，都说人类是世上的万物之灵。

就这样，盘古以他的神力和身躯，开辟了天地，化生出世间万物。

巨人伊密尔

最早的时候，没有天，也没有地，没有海，也没有空气。一切包孕在黑暗之中，只分作冷和热两个地方。冷是冰雪，热是火焰，中间隔着一条又宽又深的大裂缝。

冷热有时会相遇，发出嚓嚓的巨响，冰山受热融化。冰山融化后升起水汽，升起的水汽又凝结成寒霜。一年又一年，寒霜越积越多，填满了广阔无边的天空。久而久之，一个巨大无比的人从冰雪与火焰的撞击中诞生了，他就是伊密尔。

几乎和伊密尔同时出生的，还有一头叫作乌特赫姆拉的大母牛，它喷出许多牛奶供伊密尔食用。母牛不吃草，却吃冰块，冰山慢慢被它吃掉不少，渐渐露出一个巨人，他原来是被冰层掩盖的神的祖先蒲利。这时伊密尔正在睡觉，他的腹下、脚下生出一些子女。可是他们善恶不辨，互不相容，竟然打起仗来。蒲利的孙子奥丁就把冰雪巨人伊密尔杀死。伊密尔倒地死去时，他的血滚滚流出，把自己一族人全部淹死。“众神之王”奥丁就将巨人伊密尔的身体制造成世界：头做天，肉做地，骨做山，牙齿做岩石，血汗做成海洋，头发做成树木百草，脑浆做成浮云；又命令名叫东、南、西、北的四个矮人立在大地的四角，各人用肩膀扛住天；又取来火团布满在天空上，成为耀眼的星星。其中最大的火团就是太阳和月亮。

这样，天地万物就造出来了。

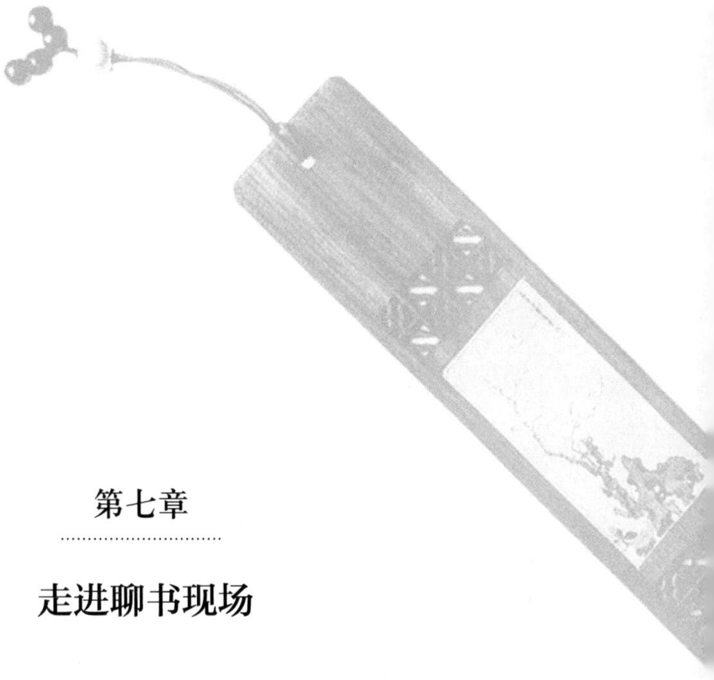

第七章

走进聊书现场

和孩子聊书，不应被看作一种负担，而应成为一种生活方式。

“我很忙，没有时间。”

“我文化水平不高。”

“我不太会说话。”

拒绝聊书，总是可以找到很多理由。

真的，就我个人的体会而言，只要你用心、真爱、敢担当，和孩子一起阅读，一同聊书，就没有什么真正难以逾越的鸿沟。就把读书会“做起来”而言，并没有想象中那么难。

是的，关键是聊起来，至于聊得怎么样，其实并不重要。和孩子聊书，不应被看作一种负担，而应成为一种生活方式。

希望我的聊书记录，能给你信心，还有热情。

一、你猜猜看
——亲子阅读一页书《咚咚咚》

这是一本一页书，我和孩子一起读。读完书之后，展现在孩子眼前的是一幅正方形的大大的画面，极具震撼力。孩子望着一页书，小小的眼睛眨巴着问：“没有啦？”他的意思我懂，他喜欢这本“猜猜复猜猜”的书，他觉得不过瘾，他还要猜，他还要读。你是不是觉得阅读达到了你想要的效果？

孩子在一页书《咚咚咚》的阅读中，究竟为什么对“猜”这么着迷呢？

［阅读封面］封面很可乐。“1——2——3——4——5”，五个动物，居然都把屁股对准我们。真人不露相，悬念迭起，孩子知道它们分别是谁吗？孩子嚷嚷着说：“妈妈，妈妈，我知道。它们是大象、老虎、河马、长颈

鹿和鳄鱼。”开“书”见“物”，欢喜来猜。在这一过程中，孩子学会了欣赏一页书的封面，也读出了画面中动物们大小、高矮的暗示。

[第一页] 孩子仿佛一下子就从屋外走进了屋内，眼前铺展开一扇门和一扇窗户。由于绘画者的匠心，宝贝的目光第一时间就被吸引到了门上，他聆听着“咚咚咚”的敲门声，宛如身临其境，体验感非常强烈。假如我们的童书，能激发起孩子阅读的兴趣，那它就成功了一半。

门上的一扇小窗户，是主体；窗台上的一扇大窗户，是次体。孩子运用这“主”与“次”之间的联结，开动小脑筋，告诉我：“敲门的应该是大老虎！”问他这样猜的原因，他解释：“老虎的花纹和封面上是一样的。”哈哈，宝贝都能利用封面提供的信息来猜了。好了不起呀！

[翻下一页] 门一打开，老虎猛然出现，震人心魄，帘角飞扬，连窗台上的小花也被惊动得飘零下一片花瓣，小蚂蚁在隐蔽处瑟瑟发抖。好家伙，猜对啦！

[翻下一页] 继续猜。有了上面一页猜的经验，孩子会密切关注画面中提供的信息。不用三秒钟，他就猜出来：“大象！”大象出场，花瓣继续凋落一瓣，廊下的蜘蛛赶紧逃走。

[翻下一页] 咦，只露出两只眼睛，是谁呢？嗯，有点儿像青蛙，有点儿像鳄鱼。多元的答案，使阅读一页书变得更好玩。有情趣的东西，才能真正激发孩子的阅读内驱力。所以，好书，是有力量的。

鳄鱼出场。眼尖的孩子发现了：画面的色调变得明快，天也亮了，奇怪的是屋里的台灯，也神奇地亮了，花瓣继续飘落一片。蟑螂爬上墙壁，来凑热闹了。阅读，在这里简直成了一种美妙的探险，我们沉醉其中。

[翻下一页] 此时，孩子对“咚、咚、咚！请问你是谁？”已耳熟能详，会自动地接说出“咚、咚、咚！请问你是谁？”来，语言就这样自然地种植进他的心田里了。

河马出场。他的两个可爱的大鼻孔，吓跑了飞蛾。花瓣依旧凋零一片。

[翻下一页] 孩子为自己已摸到了“猜”的门道而窃喜，充分享受着“掌控”故事情节发展大权的乐趣——他自说，自猜。长颈鹿如他所料出场了，七星瓢虫来迎接，花瓣仍然飘落一片。用“猜”的方法，猜出故事情节，这

是成为一个阅读高手的最高技巧。

［翻下一页］远处的太阳落山了，余晖中传来“咚、咚、咚”声，又会是谁呢？“封面上的动物，好像都出过场了，怎么还有敲门声呢？”孩子摸着小脑袋瓜犯难着。透过门上的窗户，看到窗口只露出两个圆圆的耳朵。“我猜是小棕熊！”“不对，应该是熊，肯定没错。”他在自我推翻，自我重新确认。他就等着翻页了。“快翻，快翻！”他催促着我。（我想，作家要的就是这种效果吧）

［翻下一页］门没有立即打开。打开的是一个谜语，打开的是一个水底世界。孩子从“屋内”被带到了“外面的世界”，想象力也跟随着画面的转换呼啸而来。呵呵，这也难不倒他，他大胆地借助谜语中的信息来猜。“有四条腿的……会缩头缩尾的……生活在水里的……会是谁呢？”他在思索。阅读是有节奏的，前面几轮的“猜”，是一气呵成的。到这里让孩子静一静，想一想。冥思苦想，也是一种阅读中难得的乐趣呀！而我们要学会等待，学会耐心。

［翻下一页］画面重新回到屋内，验证猜想的时刻到了，好紧张，好紧张。孩子的眼睛紧紧盯着那扇红色的小门。门打开，竟然是小乌龟。这是封面上没有的角色，这是书中的“意外”。宝贝由衷地忏悔：“我刚才想说的，但是我怕猜错。”看到了没，他会反思自己的成败得失了。阅读，掀起了又一轮高潮，他也在慢慢地成长。

正在这时，最后一片花瓣飘落了。

开门的是小乌龟的妈妈。小乌龟的妈妈帮助阅读这本一页书的孩子了了心愿。窗台上的花儿，连左边的一片叶子都掉了。

此时，孩子突然醒悟道：“妈妈，其实墙壁上挂的画早就告诉我们这是小乌龟的家了。”我给他掌声。宝贝太厉害了，他会从图画中的细节里获得信息了，阅读的本领又有长进了。“猜”，让他学着养成仔细读图的良好习惯。这样的习惯，对他来说，是终身受益的。

故事到此似乎应该结束了。

可是宝贝却迫不及待地问：“屋内自始至终摆着的那把摇椅是干什么用的？”是啊，答案是什么呢？通过“猜”弄清楚自己不知道或不确定的东西，是一项伟大的技能！

［翻下一页］书在这儿给了那些爱打破砂锅问到底的孩子一个完美的答案：“是小乌龟洗脚时坐的椅子。他爬了一天了，累了，该坐上摇椅，舒舒服服地泡泡脚了。他还有妈妈亲手泡的橙汁喝哦。”幸福，也在这一刻传染给了阅读此书的宝贝。他在一页书的一波又一波推动的“猜”中，认识了大小、多少、增减、等待和惊喜，也学着辩证地来认识事物、看待事物，他的视野越来越开阔。对学习阅读的孩子来说，最重要的并不是在阅读中解读到所有内容，最重要的是在阅读中享受到乐趣，从而想读下去，读更多更好的书。

我们是不是也该给一直很努力在“猜”的宝贝，倒上一杯香甜的橙汁，犒劳犒劳他呢？

我相信，这本一页书里的“咚、咚、咚”声，会一直回响在他耳畔……

（聊书人：姜晓燕）

二、孩子读书需要老师推动
——《乌丢丢的奇遇》班级读书活动记录

我为什么要把“乌丢丢”推荐给孩子们？

三言两语，说不尽“乌丢丢”的故事，更确切地说，《乌丢丢的奇遇》不是一个故事，而是一首关于爱的儿童诗。乌丢丢原本是一条腿的木偶，但事实上，在故事真正开始时，他只是一只小脚丫，一只从木偶身上掉下来的小脚丫。是跛脚女孩珍儿在草丛中发现了他，像小姐姐一样照顾他，但独脚大侠乌丢丢更想念那个最初给他生命的人——布袋爷爷，更想念在舞台上表演给孩子们带来欢笑的日子。于是，乌丢丢不辞而别，开始远行。非常幸运的是，一个爱写诗的老头儿吟痴老人陪他徒步寻找。在途中，他们遇到了遵守约定逆风而行的蝴蝶，遇到了相信种下鸡蛋可以开出花朵的小姑娘。在途中，乌丢丢亲眼看见了“空心”的蘑菇人获得新生，心里装满了爱的雕塑家赋予石头以灵魂……读完整个故事，我们会发现，所有人都在寻找，乌丢丢、吟痴老人、布袋爷爷、珍儿……在寻找的过程中他们发现，只有爱才能让自己的生命更加鲜活、有趣。

故事中弥漫着爱的温情，蕴含着元气淋漓的儿童观、生命观。于是，我郑重其事地向孩子们推荐了《乌丢丢的奇遇》。事后我发现，确实有一小部分孩子很平静地喜欢上了这个童话。下面节录三个孩子的看法。

罗戚汇：我认为《乌丢丢的奇遇》很好看。这本书写了乌丢丢遇到的一些事和他的一些见解，表达了这个世界要有爱的思想。故事最后，乌丢丢把自己的生命给了珍儿，这就是爱。

王钥淳：我认为《乌丢丢的奇遇》好看。虽然它不是主要围绕乌丢丢来写的，可是每一件事都写得非常有趣，把不可能有生命的东西变成了有生命的“人”，这样就会让人觉得生活是多姿多彩的。

姚正阳：我喜欢《乌丢丢的奇遇》一书，因为在这本书里我感受到了爱。读完后，感觉很温暖，既不是伤心也不是开心。我觉得这本书的精妙之处就是这种让人哭笑不得的感觉。

1. 孩子为什么不喜欢乌丢丢

在孩子们都买到了《乌丢丢的奇遇》这本书后，我就开始观察他们阅读的反应。

《乌丢丢的奇遇》似乎对大部分孩子都没有足够的吸引力。他们在断断续续地读，中间忍不住穿插其他书来看。如果没有最后的期限规定，如果不是我跟他们一起读，或许他们早就把这本书放在一边了，因为他们有太多的事要做，“遥控器”也在时刻召唤他们。如果一本书不能吸引他们，他们是有权利冷落它的。

《乌丢丢的奇遇》为什么不能吸引他们？除了观察，同时我也直接问他们。其实，当孩子把自己喜欢这本书或不喜欢这本书的理由说出来时，他就会有一种成就感，觉得自己是这本书的主人，是他自己在看这本书。下面节录三个孩子的看法。

周力：我觉得《乌丢丢的奇遇》不好看。因为乌丢丢寻找布袋爷爷和珍儿的过程是一帆风顺的，并没有遇到什么困难，没有惊险的场面。

沈雨齐：我觉得金波这本书有几章挺精彩的，比如说“逆风的蝶”，它告诉我们做一件事要坚持，还有要知恩图报。但有几章我认为写得不是很清楚，我读不太懂。

何艾敬：我觉得《乌丢丢的奇遇》不好看。因为没有突出乌丢丢的个性，吟痴老人在这本书里抢了乌丢丢的风头。我觉得这本书的第 8 ~ 13 章不像是乌丢丢和吟痴老人在经历一次奇遇，而像是一个个奇怪的故事。和我们的语文课本一样，一个个故事之间没有什么联系，可以单个儿拎出来，乌丢丢存在不存在，似乎不重要，不存在也可以，无非是把书名改成“吟痴老人的奇遇”。也许是我没有发现它们之间的联系，不过至少我现在还是那么认为。

孩子们不能接受《乌丢丢的奇遇》主要有两个方面的原因。

首先，孩子们喜欢的是故事。对故事，孩子们有自己的要求：它不一定要惊悚、紧张、刺激、残忍，但至少应该幽默、有趣、富有想象力，有许多奇思妙想，有比较明显的温情，最重要的是，故事中间应该有一双扑闪扑闪的儿童的眼睛。《乌丢丢的奇遇》却是“成人的故事，虽然所有的木头人儿都在说话，而其实，这仅仅是一个怀旧的老人对自己一生的回忆”（**干国祥读书笔记**）。另外，《乌丢丢的奇遇》似乎哲理意味太重。安徒生说，看他的童话，孩子们记住的是他说的故事，大人记住的可能是故事背后的思想哲理。

是啊，孩子们不会考虑什么教育意义的问题，他们只关心有没有故事。

其次，孩子们看书喜欢追随故事里的一个主要人物，他们喜欢和习惯了紧紧跟随一个主要人物的喜怒哀乐，其他人物只是陪衬和点缀。他们似乎不喜欢同时和书里的几个人物一起交朋友。当他们看到“乌丢丢的奇遇”这个题目时，就非常迫切地想认识乌丢丢，然后和乌丢丢一起去冒险。然而，在他们真正开始阅读《乌丢丢的奇遇》时，他们却发现这本书没有真正的主角，乌丢丢很多时候只是陪衬和看客，这让他们一下子难以适应。

当然，孩子们疏离《乌丢丢的奇遇》，并不完全是作品的问题。儿童与文学作品，尤其是与富有诗意的、富有象征意义的作品的距离，可以通过“锻炼”来弥补。所谓“锻炼”，就是经常挑战阅读整本书，并且经常参与读书交流，从而提高自己的阅读品位和能力。

2. 让孩子重新认识乌丢丢

不管怎样，老师在郑重其事地向孩子们推荐一本书之后，就有责任鼓励他们把书读完。

于是，我开始致力于引导孩子们去感受《乌丢丢的奇遇》的美妙之处，希望他们在一系列的师生互动中，喜欢上乌丢丢，喜欢上《乌丢丢的奇遇》。事实证明效果不错。

最简单、最有效的办法是聊书。在向孩子们推荐了《乌丢丢的奇遇》之后，我总是见缝插针地问他们：“这本书好看吗？”“你看懂了吗？有不明白的地方吗？”我发现简单的问题就足以引起孩子们对这本书的兴趣，事实上，老师的询问也给了他们压力。如果你能让孩子们感受到你的真诚，他们就很愿意告诉你他们对这本书的困惑：没有心的蘑菇人为什么后来又有心了？已经死了的塑像为什么能牵住雕塑家的手呢？当吟痴老人有机会到“没有年龄的国度”，回到童年时，他为什么不愿意？那首十四行诗真的是作者从河里捞到的吗？书里为什么要出现“可人”这样一个人物？吟痴老人明明知道种蛋并不能开花，为什么还要鼓励种蛋的小姑娘继续种蛋，难道仅仅是因为要鼓励她敢想吗？不要怕无法应对孩子们的问题，他们提问时，不要急于引领、指导、点拨，这时候更重要的是学会倾听。而且，他们提出的问题，最好还是由他们自己到书中去寻找答案，老师要做的就是创设一个宽松、随意的讨论平台。在倾听孩子们讨论的过程中，你会发现，他们可以把懵懂的提问者和深刻的洞察者这两种角色完美地统一在一起。问他们有什么不懂的地方时，他们会很真诚地提出一大堆问题。然而，开始讨论这些问题时，他们自己又能说出很深刻的见解。下面就是他们围绕一个问题的讨论记录。

问题：已经死了的塑像为什么能牵住雕塑家的手呢？

生：因为雕塑家在这尊雕塑身上倾注了自己的心血、灵魂。雕塑家的爱已经融入了这尊雕塑。

生：因为这尊塑像已经被雕塑家赋予了生命，因为乌丢丢和吟痴老人有一双能发现生命的眼睛。例如，书中写道，一个挑担子的老爷爷的雕塑在乌丢丢眼里变成了他最熟悉的演木偶戏的布袋老爷爷。在乌丢丢和吟痴老人眼里，每一尊塑像都是活的。

生：我觉得那尊吹笛子的少女塑像活了，是在说这尊塑像永远留在大家心里，成了大家一个美好的回忆。

生：我觉得少女塑像复活是因为它经历了被爱与爱。就像乌丢丢一样，前面乌丢丢都在接受别人，比如演木偶戏的布袋老爷爷、珍儿、吟痴老人对他的爱；后面几章是写它回报爱。

生：我觉得少女塑像的复活主要是想说明它给雕塑家带来了希望。

生：我觉得这里主要是在说对艺术的热爱使雕塑家永远活在人们的心中。

“读写结合”是很传统但很管用的办法。很多老师通过让学生写读后感，逼着学生读完整本书。我尝试之后发现，写格式规范的读后感对孩子们来说真是一个沉重的负担，而且在某种程度上败坏了他们阅读的兴趣。当然，孩子们不愿意写读后感并不意味着他们不愿意写东西。例如“和书中的人物对话”，例如“改变故事的结局”，例如“化身为其中一个人物说说自己的心里话”等，孩子们一般还是乐意接受的，甚至还会觉得很好玩。因为这样的写不需要抽身出来理性地评判其中的人和事，这样的写让孩子们获得了一次机会参与到故事中。举一个例子，在《乌丢丢的奇遇》的结尾部分，可人呼唤吟痴老人到“没有年龄的国度”去和她相聚。然而，吟痴老人不想舍弃年龄，虽然年龄使他衰老，但也给了他阅历和智慧，让他感受过欢乐和悲伤、爱与被爱，这是年龄的诱惑。我们班的吴嘉晨饶有兴致地改写了这个结局。在她的结尾中，吟痴老人毫不犹豫地进入“没有年龄的国度”，并送给可人一枚闪闪发光的钻戒，然后可人用港台腔开心地说：“那这间小屋就是我们的甜蜜小屋噢！”于是，他们步入婚姻殿堂。看了这个结尾，我一直想笑。这种皆大欢喜的大团圆与整部小说的基调与走向并不相符，甚至有些“庸俗”，然而这又有什么要紧呢？点评时对孩子们的“写”千万不要过多地进行横向比较——哪个孩子写得好，哪个孩子稍逊一筹。其实，每一篇文章都是一段心路历程，老师点评时应该关注的是他们在想什么、他们是怎么想的，而少关注一点儿写作的技巧。

我们应该多创造一些有趣的读书交流方式。

三、找到一个合适的话题
——《毛毛——时间窃贼和一个小女孩的不可思议的故事》聊书记录

我以“新手上路”的心态连续尝试开展《夏洛的网》《草房子》《蓝色的海豚岛》《毛毛——时间窃贼和一个小女孩的不可思议的故事》（以下简称《毛毛》）等儿童文学经典的班级读书会。这几次班级读书会，有一个共性，那就是教学策略都以“聊”为主。

1. 根据孩子的年龄和书的特点确定话题

聊的内容有两个：一是孩子们提出的问题或话题，二是老师提出的问题或话题。

在班级读书会中，我创设各种各样的情境鼓励孩子们提问题。“毛毛是一个勇敢的女孩，如果我是作家，就会把她写得很漂亮，但这本书里的毛毛却是衣衫褴褛，到底长什么样也不清楚，恩德为什么要这样写？”“为什么大人比小孩更容易上灰先生的当？”“我不喜欢故事的结尾——太美好了，我是不是不该这么想？”仔细分析孩子们的问题，你会发现他们的思考涉及阅读文学作品的各个侧面：有价值判断，有感情、生命的体验，也有文学欣赏、评论。

当然，也可以由老师自己根据文本来确立共同讨论的问题或话题。问题或话题的提出是因书而异的。《毛毛》一书围绕“时间”展开了一个不可思议的故事，被誉为“现代人诠释时间的最佳底本”。因此，在读书会中，我和孩子们一起围绕“时间”聊了起来。这里我要强调的是，高年级的聊书活动不用过多地把时间用在讨论书中的人物关系和故事情节上，可以侧重于作品的分析、比较与统整，让孩子们逐渐学习文学欣赏与批评。文学赏析指的是深入解析作品的文学写作手法，若以小说来说，可以包括情节的铺叙、叙述观点的选择、人物的塑造、情境气氛的营造、比喻与象征手法的运用、主题的呈现等。因此，在《毛毛》一书的读书会中，我引导孩子们接近、认识幻想小说中比喻与象征手法的运用，他们也聊得兴趣盎然。

2. 一步一步，把话题聊深入

在聊书过程中，老师应尽量少发言，多聆听，尤其是不要主导讨论。但是，这并不是说老师可以闲在一旁。其实，老师可做的事很多，尤其是在一个聊书经验不丰富的班级全班围绕一个话题展开讨论时，老师必须以一种不太容易被人察觉的方式把握聊书的节奏与方向。例如，想办法让孩子们聚焦到某一个话题上并对这个话题产生兴趣；聆听孩子们的发言，必要时做一些澄清或提供进一步探究的方向，使讨论走向深入；到一定的时候，帮助孩子们将讨论的内容延伸、拓展到生活中，聊出现实意义。

下面，我们就进入实战现场，以《毛毛》读书会的聊书片段为切入口深入思考聊书的技巧。

(1) 暖暖身，让大家对共同的话题感兴趣

师：如果这个世界上有一个时间储蓄银行，时间可以像钱一样存起来，怎么存呢？就是更快、更紧张地学习、学习，再学习，放弃一切不必要做的事情。你最不愿意节省的是下面哪一块时间？为什么？

学习　6 小时

睡觉　8 小时

吃饭　1 小时

娱乐（看电视、看电影……）1.5 小时

聊天　1 小时

玩（五花八门）2 小时

一个人待一会儿（包括发呆）半小时

和爸爸妈妈在一起　1 小时

养小动物（鸟、兔子、刺猬……）1 小时

买东西　1 小时

处理自己的秘密　1 小时

生：我最不想节省的是“和爸爸妈妈在一起”的时间。

师：为什么？你每天节省一个小时，就意味着你每天比别人多一个小时的学习时间。学习好了，就意味着你可能上好的大学，找到好的工作。“时间是由分秒积成的，善于利用零星时间的人，才会做出更大的成绩来。”

生：爸爸妈妈年纪越来越大了，现在不享受和他们在一起的快乐，以后想陪他们也没机会，因为人总是有生老病死的。

生：我最不想节省的是“玩”的时间。

师：为什么？难道你没听说过“玩物丧志”？时间就是金钱，时间就是效益。

生：我相信很多人和我一样喜欢玩，而且玩也可以玩出名堂来，很多科学家就是在游戏中得到灵感的。

生：我最不想节省的是“睡觉”的时间。

师：一天才 24 个小时，花 8 个小时来睡觉，是不是太浪费了？很多成功的人经常废寝忘食地做事。

生：只有吃好了，睡好了，身体才会健康。只有身体健康了，才能更好地学习、工作。

师：无论我怎么劝，你们都不愿意把时间节省下来存进“时间银行”。其实，大家看过《毛毛》这本书后都知道，时间窃贼灰先生也是说这样的话来窃取人类时间的。

（2）引发矛盾，促进深入思考

师：灰先生讲的这些话，你们在生活中听到过、看到过吗？

生：我妈妈也对我这样说过。

生：我在我爸爸单位的墙上也看到过“时间就是金钱，时间就是效益”这样的话。

生：我在名人名言里也看到过类似的话。

师：在生活中经常可以听到这样的话，而且很多是名人名言。为什么这些话和灰先生的谎言一模一样呢？难道我们的家人，还有那些名人和灰先生一样是骗子，说的都是谎言？难道他们说这些话也有什么不可告人的秘密？

◎时间就是金钱，时间就是效益。

◎未来属于节省时间的人。

◎荒废时间等于荒废生命。——川端康成

◎时间就像海绵里的水，只要愿挤，总还是有的。——鲁迅

◎时间是由分秒积成的，善于利用零星时间的人，才会做出更大的成绩来。——华罗庚

◎有时我想，要是人们把活着的每一天都看作是生命的最后一天该有多好哇！这就更能显出生命的价值。——海伦·凯勒

◎消磨时间者，亦必消磨事业。——福布斯

生：这些名言并没有错，都有道理。

师：那我就觉得奇怪了，灰先生说这些话，你们觉得是谎言；我说这番话，你们不愿意接受；名人说这番话，你们就觉得有道理。这是为什么？

（生一时语塞，思考）

（3）适当点拨，聊出新意

师：现在，为什么会出现这么多希望大家“节约时间”的名人名言？

生：因为现在的生活节奏太快了，竞争太激烈了，你不努力，可能就要被这个社会淘汰。

师：那你们为什么又觉得像毛毛那样放慢节奏生活也是对的呢？

生：因为快节奏生活给人们带来金钱（丰厚的物质回报）的同时，也让人们感觉精神越来越疲惫，乐趣越来越少，身体越来越差。

生：而且慢并不是做事不讲效率，并不是选择懒惰，而是在生活的快与慢之间寻求一种平衡。

师：那还有一点我不明白，像鲁迅、像华罗庚，他们总是超负荷工作，陪伴亲人、拜访友人的时间也很少，而且他们的健康每况愈下，你们觉得值得吗？

生：他们是在做自己特别喜欢的事，做自己觉得有意义的事，他们这样努力工作不完全是为了金钱，或者追求毫无意义的名利。

师：就像书中时间老人说的："时间是生命而不是金钱。"

（讨论逐步深入，内容涉及如何面对和处理个人生活中的"快和慢""进取和闲暇"等，这要因人而异，不能一概而论。当然，并不是说生活中要一切以慢为目的，而是要有计划、重效率，掌握好工作与休闲的节奏，更好地活出自己的光彩来。体会到慢的心态，心里有闲暇的意义，人就可以时常考虑一些关于人性的问题，而不至于在"赶时间"中丧失自我。）

（4）拓展到生活中，增加与生活的关联

师：刚才我们都是把自己当作一个局外人在讨论对"时间"的看法，因为事不关己，大家都说得挺轻松的。下面的讨论就跟我们的生活有关系了。我给你们在座的每一位同学的爸爸或者妈妈都写了一封信，让他们衡量一下自己的生活节奏是应该加快还是应该放慢。

师：哪位是应 ×× 家长的孩子？（一个孩子站起来）你觉得你爸爸的生活节奏是应该加快还是应该放慢？

生：蒋老师，我爸爸也是个老师，我觉得他教高中很辛苦，每天 6 点就起床了，晚上还要批改作业，总是停不下来。我希望他能注意休息，但是我相信他是不会这么做的。

师：听听你爸爸是怎么说的吧。"我觉得很忙、很累是应该的，人在工作时就应该是忙碌的，工作就应该精益求精。况且现在社会竞争压力大，谁不希望收入再高点儿，荣誉再多点儿？对我们小老百姓而言，只能为生计而奔波。家长应 ××。”

师：哪位是范 ×× 家长的孩子？（一个孩子站起来）你觉得你妈妈的生活节奏是应该加快还是应该放慢？

生：老师，我觉得妈妈一定要放慢生活节奏了。我妈妈每天睡觉的时间只有四五个小时（生惊呼），我不希望妈妈为了工作把身体搞垮了。

师：你觉得你妈妈会听你的建议吗？

生：可能不会。

师：听听你妈妈是怎么说的吧。“当然愿意在轻松、愉悦的环境下工作，但我现在已不能改变我的状况。人到中年，工作压力大，竞争激烈，我唯有复杂的事情简单做，简单的事情重复做，兢兢业业，才能在工作上得到大家的认可，才能留在单位继续工作，有些事情现实与想象是有距离的。家长范 ××。”

师：沈 ×× 同学的家长在回信中是这样写的：“现在竞争激烈，偶尔被灰先生光临过是很正常的，但是我们并不像书中描写的那样，我们在拼搏中懂得如何生活、如何享受生活。”你能简单地介绍一下你们家是如何享受生活的吗？（生笑）

（沈 ×× 非常开心地介绍）

师：同学们，你们发现没有，大部分家长，也就是我们大人，都觉得自己被灰先生偷去了一部分时间，但是又都觉得没法改变。例如，楼 ×× 同学的爸爸说：“人在江湖，身不由己。想法是美好的，现实是残酷的。”夏 ×× 同学的妈妈说：“我觉得灰先生已经偷走了我太多时间，我很想找回属于自己的时间，但是又无能为力，我也很想轻松地工作、轻松地生活，能有闲暇时间和孩子亲切地交谈、玩耍，能有时间陪家人共享欢乐时光。但是这一切都不太容易做到，因为现在是一个让灰先生偷走了时间的社会。我想改变现状，但我又很无奈。”

听了爸爸妈妈的话，能说说你们的想法吗？

（开始新一轮讨论）

四、如何导读一本书
——《戴脚环的大雁》聊书记录

1. 读故事的开头

（说明：首先，我让孩子们读故事开头的一封信，我觉得这是很有特色的一个开头。读完故事的开头后，和孩子们聊些什么呢？我安排了两部分内容：一是让孩子们试着有所依据地推理出整个故事的主要内容；二是让孩子们围绕“如果有一天，你和米沙一样得到这只大雁，你会把它放飞吗”这一话题展开讨论，以体会人物复杂的心境，并理解故事中人物米沙放飞大雁的真正意义所在。具体讨论情况见下面的实录片段。）

师：同学们，今天我可能要面对从教以来最大的一次挑战。为什么呢？第一，我昨天才知道，我们这个班很特殊，有三年级的同学，也有四年级、五年级的同学，大家的年龄不一样；第二，我刚刚才知道，我们班的大部分同学没有看过《戴脚环的大雁》这个故事。因此，蒋老师想临时做个调整，将今天的“读后讨论会”改成“导读”。好吗？

生：好的。

师：这个故事的开头很特别，请你们现在快速地读一遍。

（生各自读）

师：三年级的同学轻轻地读出声音还可以理解，四、五年级的同学就应该做到默读了。

师：读了这封信之后，你们了解了哪些信息？

（没人举手）

师：读了这封信，你们应该知道这个故事的主要人物了吧？

生：这个故事是围绕白额大雁写的。

生：还有米沙和米沙的爸爸。

师：很好，出现了三个人物。你们读了这封信，能不能说说这三个人物的关系呢？

生：一只白额大雁被猎人的网网住了，受伤了。

师：这是故事的起因，还有两个人物没有出现呢！

生：哦，后来米沙父子把白额大雁买回家，他们发现大雁想回家，最后决定把大雁放飞。

师：是的，这就是这个故事的主要内容。这个故事是围绕白额大雁展开的。你们看到过白额大雁吗？

生：没有。

师：那你们看书的时候看到从来没有见到过的鸟类或者其他动物，你们会查吗？

生：会。

师：很多人会，真好。当你对白额大雁有了进一步了解时，你对这个故事也会更感兴趣。

师：大家看屏幕，这就是白额大雁，漂亮吗？

生：（赞叹）漂亮！

师：同学们，如果有一天，你和米沙一样得到这只大雁，你会把它放飞吗？实事求是，蒋老师想听的是你们真实的想法。

（大多数人选择会，少数人选择不会）

师：（面对选择"放飞"的孩子）为什么这么坚决地选择放飞呢？能说说原因吗？

生：如果我得到了这只白额大雁，我就会换一个角度想："如果是我被抓住了，我一定要逃脱，我向往自由。"这样一想，就会把大雁放了。

师：同学们，你们仔细听听，这位同学刚才是"将心比心"哪，而且她说的这段话里有一个关键词——自由。（板书"自由"）

师：放飞大雁，还有其他理由吗？注意，已经说过的咱们不重复。

生：我是那样一种人，我不会把大雁放飞大自然，而是把它放飞到野生动物保护区里，这样它就不会再被猎人捕获。

师：这位同学说"我是那样一种人"，他是哪样一种人？考虑问题非常周到的人。

师：（面对选择"不放飞"的孩子）那你们心里又是怎么想的呢？

生：我选择不放飞，是为了大雁的安全考虑，住在牢里至少没有生命危险。

师： 她认为大雁一旦回到大自然，就有可能遇到困难、危险。（板书“危险”）

生： 如果是我的话，我会把大雁送给专门的组织，比方说动物园或者动物保护组织。

生： 我认为应该把大雁放飞，有一句话叫“不自由，毋宁死”，所以，一辈子待在牢笼里，还不如死。

师： 你引用的话特别精彩，请你把那句话再说一遍。

生：“不自由，毋宁死。”

师： 你记住了这句话，并且化为了自己的语言。

2. 读故事的精彩片段

（说明：在把握了整个故事的主要内容后，我们可以引导孩子们聚焦阅读其中的精彩片段。）

师： 我们继续往下聊，你们刚才说，大雁也向往自由的生活。你们认为，对一只大雁来说，自由的生活应该是怎样的？

生： 想干什么就干什么，至少不待在牢里。

生： 无忧无虑，没有约束。

生： 可以自由飞翔。

师： 是啊，对鸟类来说，这是多么惬意的生活呀！

师： 同学们，这个故事前面两章至少有两处写了白额大雁对自由的向往，请你们找到并重读。

（生默读）

师： 你从哪段话中读出了白额大雁对自由的向往？

生： 第 142 页。

（师出示幻灯片）

师： 是啊，它拼命地啄绳子是为什么？

生： 白额雁想啄断绳子飞向天空。

生： 第 144 页也有描写白额雁向往自由的句子。

师：是的，这段话里有许多描写心情的词，你们发现了吗？

生：“无奈”“悲伤”“激情”和“骚动”。

生：还有“苦闷”和“凄惶”。

师：同学们，不知道你们同不同意我的看法，第一次读到这段话时，我觉得作者写得有点儿夸张，动物怎么可能有像人一样的表情呢？

生：不同意。

师：那你们看到过鹅悲哀、忧伤的表情吗？你们听见过鹅苦闷、凄惶的叫声吗？

生：杀鹅的时候，鹅一定是很害怕、很悲伤的。

师：那是你的推想，我问的是你有没有看到过。

（生没人发言）

师：这里有一段很珍贵的视频，请大家看一下。

（师播放《迁徙的鸟》视频片段：一个农场上空飞过一群大雁，农场里的鸭子骚动不安起来，伸长脖子仰望天空，露出悲哀的神色）

（生看得很专注，有所触动）

师：同学们，请大家把目光聚集在地上的家禽身上，你们以前有没有仔细观察过？你们现在看到了什么？

生：当这些鸭子看到天上自由飞翔的大雁时，它们扑扇着翅膀感觉很无奈、很悲伤。

生：地上的那些鸭子已经忘记它们原本也可以飞上蓝天，它们的记忆突然被天上的鸟类唤醒，所以感觉非常痛苦。

师：说得多好，翅膀成了那些鸭子的装饰，它们原来是用来飞翔的。

生：我感觉地上的鸭子受到了野性的呼唤，它们拼命扇动翅膀，但是怎么也飞不上去，我感觉它们绝望极了。

师：是啊，这样我们再回过去读那段话，我们还会觉得夸张吗？

生：不夸张。

师：是啊，那是作者把他所看到的真实情况如实地写出来了。你们看比安基的介绍，就会知道他为什么会写出这么精彩的一段话了。读读。

（生读）

师：找到原因了吗？为什么？

生：因为他一生大部分时间都是在森林中度过的。

生：因为这个作家非常喜爱动物，了解动物。

3. 猜猜后面发生了什么

（说明：读了故事的精彩片段之后，孩子们的阅读兴趣渐浓。这时候，让他们预测后面的情节，对激发他们的阅读兴趣起的是“推波助澜”的作用。）

师：刚才有同学说不愿意放飞大雁，是因为觉得大雁回到大自然后会遇到很多危险。我们没有看过这本书，那我们来猜一猜：一只落单的大雁被放飞后，会遇到哪些危险？

生：猎人会拿枪把它打死。

生：它会遇到自己的天敌，例如老鹰。

生：它可能不适应恶劣的自然环境，例如暴风雨什么的。

生：它有可能在水中觅食的时候被渔网网住。

生：有些城市的水可能被污染了，这些被污染的水也会伤害它。

生：它可能会受到同类的排挤。

师：同学们，这只白额雁被放飞后究竟遇到了哪些危险呢？是不是和我们预测的一样呢？这个故事从第二章起就写白额雁遇到的种种危险，我们来读一读验证一下。因为时间关系，这节课我们不可能读完整个故事。我们分工读，第一组读第二章，以此类推，最后第七、第八组读第八章。

（生分组个别阅读）

（生分组汇报）

生：（第一组）白额雁在第二章中遇到的困难是，它的天敌大苍鹰一直跟着它，想乘机下手。

生：（第二组）白额雁在第三章中遇到的困难是，在沼泽中，狐狸也想偷袭它。

生：（第三组）白额雁在第四章中遇到的困难是，空中的另一种猛禽鹫鹰也悄悄跟上了它，想和大苍鹰争夺猎物。

生：（第四组）白额雁在第五章中遇到的困难是，它在途中遇到了暴风雪，许多鸟在暴风雪中丧生。

生：（第五组）白额雁在第六章中遇到的困难是，它在飞行过程中遇到了大雾，情况也非常危险，因为浓雾像幕墙似的遮挡了它的视线，许多候鸟纷纷撞到灰色的礁石上，成群成群地死了。

生：（第六组）白额雁在第七章中遇到的困难是，又有猎人带着猎狗拿着猎枪来猎杀它。

生：（第七组）白额雁在第八章中遇到的困难是，前面没有得逞的大苍鹰又出现了。

（师板书）

第二章	第三章	第四章	第五章	第六章	第七章	第八章
大苍鹰	狐狸	鹫鹰	暴风雪	大雾	猎人	大苍鹰

师：刚才我们合作读完了故事，合作读完故事后，你们发现了什么？

生：我发现大雁遭遇的危险连续不断。

生：大雁在获得自由的时候又时刻面临着危险。

生：我们刚才猜测的危险，书里面基本上都写到了。

师：是的，同学们，这就是大雁真实的生活，它的迁徙路途遥远，危险丛生。（播放经过剪辑的《迁徙的鸟》视频片段）

师：让我们再次回到故事的开头，假如你就是那只即将被放飞的白额雁，你是选择留下来，还是选择飞向蓝天？老师特别想听听你们真实的想法。

生：我选择飞向蓝天，因为一只鸟一旦不会飞，就不是一只真正的鸟了。

生：我选择飞向蓝天，尽管前面危险重重，但正是这些危险才让我的翅膀更加矫健，意志更加坚强。

生：我也选择飞向蓝天，刚才有同学说了，“不自由，毋宁死”，人向往自由，我们鸟也要自由。

师：同学们，刚才我们已经读了故事里的好几个片段了，这堂课上完后，你还会完整地读一读《戴脚环的大雁》这个故事吗？

（生回答“会”）

五、自由、富有探索性地讨论
——《疯羊血顶儿》聊书记录

《疯羊血顶儿》是一部独特的作品。就像讲述一件事一样，沈石溪先生把读者慢慢带入那神奇的动物世界。

《疯羊血顶儿》写盘羊与狼群的生死搏斗。一只叫“血顶儿”的盘羊，在诞生之际就遭遇了母羊被狼群噬杀的惨剧。那一片血光成为“待定式记忆”，永远笼罩着血顶儿，改变了它作为盘羊与生俱来的软弱、温和的属性。它将生命中的大部分时间用于强制改变羊角生长的方向，痛苦而顽强地将本应向后盘曲的羊角，在石头缝里一点点扭转成向前生长的利角。而它忍受生理的痛苦、种族的歧视所要做的这一切，都只是为了一个信念：找杀戮母羊的狼群复仇！最后，血顶儿为了保护大家，用尽生命的力量和狼去对峙时，它的伙伴——那些漂亮的羊，却欺骗了它，把它遗弃了……

1. 柔弱的盘羊为什么能生存下来

师：同学们，读书有一个好处，就是增长见识。你们读了《疯羊血顶儿》之后，获得了哪些新的知识？所谓“新知识”就是原先不了解的，读了《疯羊血顶儿》之后才知道的。

（十几个孩子介绍了自己读了《疯羊血顶儿》之后所了解到的新知识，如盘羊的“幼稚态”很短等）

师：同学们，刚才你们说了很多新知识。这些知识都是零散的，彼此之间好像没什么关系。其实，我们可以通过某个问题或线索把这些知识梳理一下。比方说我们可以思考：盘羊的哪些特点保证了它们这个族群能在弱肉强食的动物世界里生存下来？

师：大家可以拿出自己的阅读单一（如图 7-1 所示）讨论，相互补充。

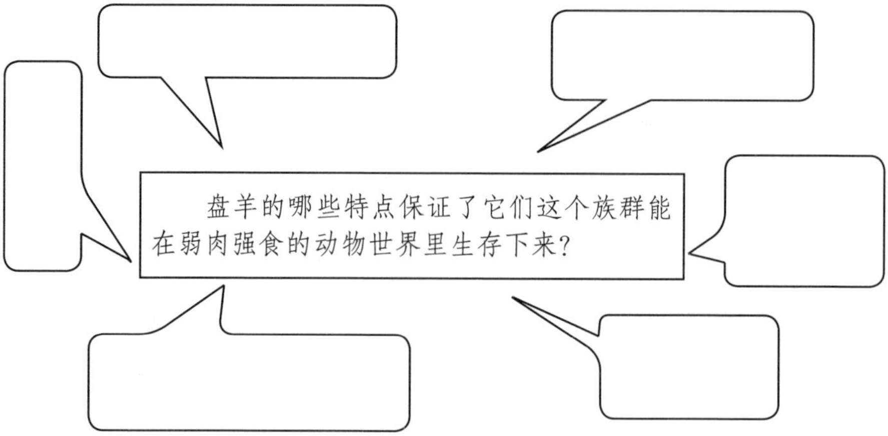

图 7-1　阅读单一

生：盘羊非常警觉，能及时发现敌情，而且跑得非常快，这保证了这个族群能在弱肉强食的动物世界里生存下来。

生：盘羊的幼稚态很短，几分钟之后，刚出生的羊羔就可以自如行走。如果像人一样，十多个月之后才能蹒跚学步，应该活不下来。

生：盘羊的生活环境很恶劣，几乎每天都有生离死别，但它的“悲痛期”很短，能比较快地从失去亲人的痛苦中走出来。

生：盘羊是“和平型争偶”动物，它们的角是盘着的，所以争夺配偶的时候，不会有伤亡。

生：我接着刚才那位同学的发言补充，跟其他很多动物一样，只有身强体壮的公羊才能争夺到交配权，因此盘羊也是优生优育。

生：还有，母盘羊分娩之后，身体也能很快恢复，不像人那么娇气。

生：还有，盘羊群为了生存，一些老弱病残的羊，经常被整个羊群抛弃。它们觉得这样做是为了大家的利益，是很自然的事。

2. 哪些关键事件导致盘羊数量直线下降，怎么写这些关键事件

师：我们刚才讨论了盘羊的很多特点保证了它们的族群能够延续下去。但是，这本书里的奥古斯盘羊数量却在短短的时间内迅速下降，从 60 多头降

到 30 多头，比我们的股票跌得还快（生笑）。大人都在从各种角度分析股票迅速下跌的原因。今天，我们也来思考：既然盘羊有特定的生存本领，为什么奥古斯盘羊群会在短时间内数量直线下降?

师：大家可以拿出自己的阅读单二（如图 7–2 所示），我发现有的同学写了五六个理由，老师希望讨论之后，每个同学最多只保留两个理由。

（生讨论）

生：我觉得是因为狼大开杀戒，不断地杀害羊崽和母羊的缘故。原来狼吃羊每次只吃一头，不会威胁到羊群的生存。

生：我觉得是好多羊把羊角拉直磨尖的缘故。羊这种“和平型争偶”动物变成了“战争型争偶”动物，因此争偶的时候死了好几只公羊。

生：我觉得关键的原因是血顶儿把羊角拉直了，并且挑杀了狼崽。血顶儿的这种做法为大家招来了杀身之祸。

生：我觉得导致奥古斯盘羊群数量迅速下降的最关键的一件事，是血顶儿眼睁睁地看着母亲被黑母狼杀害，没有这件事，就没有后面一系列的报复行动。

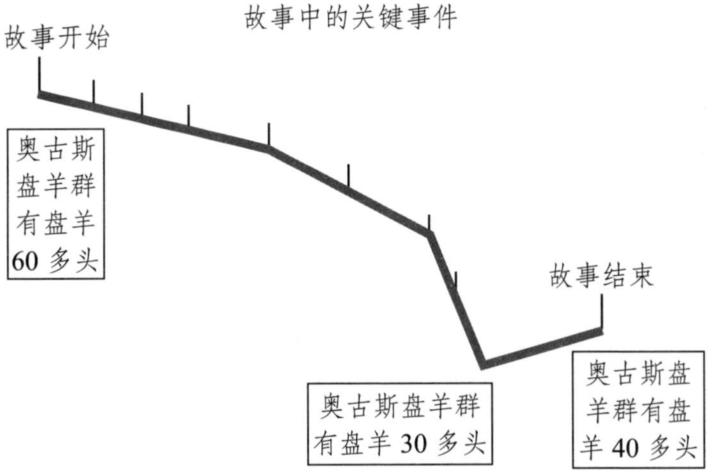

你认为导致奥古斯盘羊群数量迅速下降的关键事件有哪些呢?

关键事件一:____________________

关键事件二:____________________

关键事件三:____________________

…………

图 7–2　阅读单二

师：是啊，小事件可以决定大历史。其实，我们仔细想想，在整本书中，作者也就写了四五件我们刚才说到的关键事件，但就是这些关键事件影响着盘羊群的生存，推动着故事的发展。

师：既然是关键事件，有时就要不惜笔墨地写。例如，第一个关键事件——血顶儿眼睁睁地看着母亲被黑母狼杀害，实际上发生的时间前后不过两分多钟，作者却写了8页6000多字。请大家再重读这个片段，在阅读单上写下你的读后感，你来评一评作者花这么长篇幅，这么具体、细致地写这件事好不好。

生：我觉得这样写很好，正是这一幕，给血顶儿留下了难以磨灭的印象，为它的复仇计划埋下了伏笔。

生：我补充一下，沈石溪叔叔在书中介绍了羊的悲痛期很短，但是整个故事都在写血顶儿一定要为母亲报仇，悲痛期又很长，有点儿自相矛盾。如果这里不细致地写血顶儿母亲被害的经过，就更没法解释这种矛盾了。所以，我觉得应该这么写。

生：我觉得这样写很好，狼杀羊的片段很精彩，能体现狼的无情、凶残和羊的懦弱，让人有读下去的欲望。

生：我觉得这样写不好，因为这样写暴力倾向太强烈了、太血腥了，晚上看了会做噩梦的。我觉得可以写得很细致，但不要这么血腥。

生：我觉得这样写没什么不好哇，本来狼吃羊就是天经地义的事情，是很正常的食物链现象。写的时候我们为什么要回避呢？动物世界本来就是这样的嘛。

生：我倒觉得作者写得缺乏创意，我看了几本动物小说，好像其他人也是这样写的。

（生各抒己见）

3. 如果你是作者，你会安排谁取得胜利

师：同学们，故事到了最关键的时刻，黑母狼与血顶儿面临一次决战，不是你死就是我亡。假如你是作者，由你来决定故事的结局，你会安排谁赢

得这场决战的胜利呢？

生：我选择让血顶儿赢，因为血顶儿太可怜了，它要为母亲报仇并没有什么错，在很多故事里，正义总是要战胜邪恶的。

生：我选择让血顶儿赢，因为在现实世界当中总是狼战胜羊，在小说里面，羊为什么不能战胜狼呢？

生：我也选择让血顶儿赢，其他的羊都很懦弱，听天由命，而血顶儿则敢反抗，我觉得它很了不起。如果它输了，就可能让我们觉得，面对邪恶我们不能抗争。

生：我选择的是让黑母狼胜，因为这个世界就是弱肉强食的世界。大鱼吃小鱼，小鱼吃虾米，这是自然规律，这是没法改变的。只有狼赢了，故事才更真实。

生：我选的也是让黑母狼胜，我觉得血顶儿从头到尾都是想报私仇，它根本没有考虑大家的利益，它的报仇行动给大家带来了很大麻烦。

生：我也是选择让血顶儿赢。但是我觉得黑母狼其实也挺可怜，它也是一个母亲，它的孩子像冰糖葫芦一样被血顶儿挑死了，其实它也值得同情。

生：我选的是让黑母狼胜，从理智上讲，我觉得黑母狼会赢，这是规律。狼总是比羊强大的，而且如果让血顶儿赢的话，其他的羊都会学它的样子将盘曲的角拉直，这样会影响整个盘羊家族的生存。但在情感上，我还是希望血顶儿能赢，血顶儿太可怜了，它死了，整个故事就显得太悲伤了。

…………

4. 你有什么问题

师：同学们，这两节课大家主要是围绕老师的问题展开讨论的。其实，我知道大家心里一定有问题想问，想和大家交流。现在大家把心里的问题说出来，课后大家随时可以展开讨论。

生：作者为什么把书名定为“疯羊血顶儿”呢？难道沈石溪叔叔真的认为血顶儿疯了吗？

生：我不太相信羊把角拉直可以战胜狼，这是不是作者“造”（虚构）

的？而且，盘羊真的可以通过自己的努力把羊角拉直吗？

生：沈石溪叔叔为什么要把整个故事写得那么血淋淋的，他自己是怎么想的？

生：沈石溪叔叔为什么会那么了解动物呢？他是不是和我们一样是从网上查的？

…………

六、如何设计迷你课程
——《蓝色的海豚岛》聊书片段

1. 聊书了，大家都来说说卡拉娜

师：这本书和其他书比较起来，有些特别：人物特别少。《蓝色的海豚岛》主要讲了一个印第安女孩卡拉娜孤身一人在荒岛上生活了 18 年的事。18 年哪，同学们，这是人类生存的奇迹。我想，创造这个奇迹的人肯定有许多过人之处，所以，今天我们先来夸一夸卡拉娜。

生：我来夸夸卡拉娜，她非常心灵手巧，她能用象牙做标枪，能自己抓鲍鱼，而且会做非常美丽的瓶子和项链，所以我觉得她很了不起。

师：你很佩服卡拉娜的心灵手巧。同学们，有的老师还没看过这本书呢，所以接下来你们夸卡拉娜的时候可以简单地举些例子。

生：卡拉娜有一双胖胖的手，我们每一个同学、每一位老师和家长都有一双手，可是，卡拉娜充分利用了自己的手，她亲手给自己造房子，并捕杀猎物，养活自己。卡拉娜是最棒的，我要向她学习。

生：我觉得卡拉娜非常坚强，她一个人能在孤岛上生活 18 年，我想现在的孩子都做不到。特别是我，是家里的宝贝，家里人什么事都不让我干，到现在我从来没有烧过菜做过饭。我想，我如果一个人在那个岛上，活不了两天。（生笑）

师：刚才这位同学联系自己谈了对卡拉娜的看法，非常好。

生：我觉得卡拉娜非常勇敢，她能够捕杀那些非常凶猛的野狗，我们很多男孩子也做不到这一点。

生：刚才，×× 同学认为卡拉娜非常勇敢，我也同意这一点。但是随着时间的推移，卡拉娜越来越热爱大自然了。以前，她把那些野狗看作眼中钉、肉中刺，可是过了一些日子之后，野狗的头领成了她最好的朋友。她以前捕杀海獭，后来她把海獭也看作友好的朋友。

生：我觉得卡拉娜非常聪明，她自己摸索出了许多物品的制造方法。当她发现章鱼时，她又自己制造了捕杀章鱼的标枪。

…………

2. 阅读时关注书中人物观念的变化

师：同学们，看了《蓝色的海豚岛》之后，我们感受到卡拉娜身上确实有许多值得我们夸的优点。刚才一个男生的观点引起了老师的注意，他说卡拉娜的想法前后有变化，好多故事中的人物，前后想法都会有所变化，我们在阅读时要关注书中人物的这些变化。

生：我发现卡拉娜开始时特别憎恨野狗，发誓要杀死所有的野狗为自己的弟弟报仇，但后来她把所有的动物都当作了自己的朋友。

生：卡拉娜变得更爱美了。以前她姐姐在脸上画了两条标记，卡拉娜还觉得是愚蠢的做法；后来她自己在脸上也画了两条标记，而且给自己做了耳环、鸬鹚裙。爱美是一种积极的人生态度。

生：我觉得卡拉娜以前比较依赖他人，后来学会自力更生了。

生：卡拉娜以前总要到海边去看阿留申人的船有没有来，期盼他们把自己接走。但是一天又一天过去了，她渐渐觉得不应该把希望完全寄托在别人身上，自己应该为自己的生活做打算。

生：卡拉娜开始时一心想离开海豚岛，可当她可以离开时，却有些恋恋不舍。

…………

3. 说来听听，围绕一个问题聊出新的看法

师：同学们，你们刚才说，卡拉娜开始时一心想离开海豚岛，可当她可以离开时，却有些恋恋不舍。

生：是的，蒋老师，《鲁滨孙漂流记》中的鲁滨孙得知自己可以离开荒岛时乐得快晕倒了，卡拉娜则不一样，她反而不舍得离开。

师：同样是荒岛生存，当得知可以离开时，一个欣喜若狂，一个恋恋不舍，卡拉娜究竟留恋什么呢？不急着说，蒋老师这里有一张简单的作业单，你们可以用关键词的形式记录下来。

（生写 5 分钟）

师：你们觉得卡拉娜对海豚岛恋恋不舍的主要原因是什么呢？说来听听。

生：我写的关键词是“时间长”。

师：你觉得这是关键原因吗？卡拉娜在荒岛上生活了 18 年，而鲁滨孙在荒岛上生活了 28 年哪！

生：我写的关键词是“优美的景色”。

师：鲁滨孙生活的那个岛也是景色宜人哪，可是他要离开时并不留恋，这好像也不是关键原因。

师：请同学们再看看自己的作业单，你们会发现有些关键词记录的原因并不关键，你们可以把这些词画掉。

生：我留下的关键词是“朋友”。因为海豚、海獭、野狗……还有阿留申人徒托克，在卡拉娜眼里，他们是她真正的朋友。想到以后可能再也看不到他们了，她心里有些难受。

生：我留下的关键词是“经历”。她留恋这里的点点滴滴，留恋这里的一草一木，留恋这里发生的所有的事，她把最美好的人生时光留在这里了。

生：我留下的关键词是“故乡”。这里是生她、养她的地方，每个人对自己的故乡总有特别的情感。

生：我留下的关键词是“自力更生”。是这块土地使她从依赖别人的小姑娘成长为自力更生的强者。

…………

4. 想问就问，小记者提的问题非常“专业”

师：要开记者招待会，就会有记者。记者当然会提问，优秀的记者会提大家感兴趣的问题、自己困惑的问题。谁来当记者提问？

生：尊敬的奥台尔先生，你写《蓝色的海豚岛》的用意是什么？

生：尊敬的奥台尔先生，人们发现卡拉娜的时候，她已经不能正常说话了，那你是怎么知道她在岛上的生活情况的？

生：尊敬的奥台尔先生，为什么这本书要起名“蓝色的海豚岛”？实话实说，在没有看这本书之前，这个书名并不吸引我，不够“刺激”。（掌声）

生：尊敬的奥台尔先生，卡拉娜以前都是用普通名字的，为什么后来她愿意说出自己的秘密（真正的）名字呢？

生：奥台尔先生，如果您是卡拉娜，您可以在岛上生存 18 年之久吗？

生：尊敬的奥台尔先生，首先要感谢您为大家写出了这么好看的书，但我有个问题想问您：您写的这本书这么像《鲁滨孙漂流记》，您不怕引来舆论界的非议吗？（掌声）

…………

5. 讨论有方法，一起进入迷你课程

师：问题有了，记者各就各位了，主角奥台尔先生就要出场了。谁是奥台尔？就是我们自己。

师：请大家自由组合，最少不少于 3 人，最多不多于 6 人，围绕问题讨论。讨论完刚才记者所提的问题后，你们还可以猜测，其他记者还可能提出什么问题。

师：讨论之前，我们还可以讨论我们怎么“讨论”。“讨论”也是一门学问。先请一个小组示范一下，我就是小组成员之一，其他组员是——

（师当场选了 4 个孩子）

师：开始讨论了，我们先做什么呢？

生：先回忆一下刚才的问题？

（生回忆梳理）

师：问题挺多，我们先围绕“《蓝色的海豚岛》与《鲁滨孙漂流记》的不同之处在哪里”这个问题来讨论吧。谁先来说？

生：鲁滨孙本来就不喜欢那个岛，而卡拉娜土生土长在那里，在心底里爱海豚岛。

生：我觉得《鲁滨孙漂流记》是凭空想出来的，而《蓝色的海豚岛》是根据真人真事改写的。

生：鲁滨孙是一个成人，而卡拉娜孤身一人在荒岛上时还是个孩子。

生：鲁滨孙捕杀动物没有悔改，而卡拉娜最终和动物成为朋友，鲁滨孙只有一个朋友——星期五。

生：其实，鲁滨孙也没有把星期五当作朋友，所以一离开荒岛就把他卖了。

…………

师：（从讨论小组中走出，面向全体学生）你们觉得我们小组讨论得怎么样？

生：我觉得他们表现得非常好，我们平时的讨论总是乱哄哄的，而今天的讨论使我们大家耳目一新，大家发言时是逐个逐个说的，而且都说得那么利索，说到了点子上，不愧是我们班的精英。

生：我觉得 ×× 和 ×× 配合得非常好，很默契，算得上黄金搭档。

生：我觉得以他们的水平，围绕《蓝色的海豚岛》与《鲁滨孙漂流记》的不同之处的讨论，还可以再深入一点儿。我觉得这两本书写作年代不同，两个作家写书的目的也不同。

师：好，下面就请同学们自由组合，围绕问题继续展开讨论。

（生讨论）

师：记者招待会正式开始了，请每个小组派一位代表上台作为奥台尔接受大家的提问。

生：（作为记者）请问奥台尔先生，为什么这本书要起名为“蓝色的海豚岛”？

师：是啊，为什么这本书要起名为“蓝色的海豚岛”，而不是“浴血荒岛”“荒岛生存”“卡拉娜历险记”？

生：（作为奥台尔）因为这本书里说，这个岛从高处往下看像一只海豚，而这只海豚在蔚蓝色的大海的包围中，所以起名“蓝色的海豚岛”。

生：（作为奥台尔）我补充一下，因为整个故事都发生在这个岛上，卡拉娜一个人在岛上生活了整整 18 年。

生：（作为奥台尔）因为“蓝色的海豚岛”这个名字给人一种美感，可以使大家有兴趣读这本书。

生：（作为奥台尔）我们再来比较一下“鲁滨孙漂流记”“蓝色的海豚岛”这两个书名。“漂流”这个词让人感觉很辛苦，鲁滨孙也确实一心想逃离荒岛；而卡拉娜则在内心热爱这个岛，如果她的家人还在，这个岛会是她觉得最温馨的地方。

七、进入沉静的语言
——《驯鹿之国》聊书记录

师：今天我们要聊一本书，大家都知道了，是吧？我把书名写在黑板上了，看到了没有？

师：你们好像有疑惑哦？

生：书名是“驯鹿之国”，不是“鄂伦春”哪。

师：“驯鹿之国”，我把它写成“鄂伦春”了。鄂伦春是我国的少数民族之一，在他们的语言里面，“鄂伦春”的意思就是“驯养驯鹿的人”，或者“鹿生长的地方”。所以，从某种意义上说，“鄂伦春”的意思就是“驯鹿之国”。今天咱们就聊这本书。你们觉得这本书好看吗？请你们实话实说，觉得好看的请举手。

（大约一半孩子举手）

师：嗯，还挺真实的哦。但是，我觉得举手的人也有两种情况：一种是真的觉得好看；一种呢，是觉得在这样的场合不举手不合适。一次，一个记者采访书的作者黑鹤。记者问：“您觉得小朋友会喜欢你的书吗？”你们猜黑鹤怎么回答？他斩钉截铁地说：“喜欢这本书的读者并不会太多。”一个作家当然希望有很多读者喜欢他的书，但是黑鹤却一点儿自信都没有，为什么？

生：因为现在的人都是在城市里面长大的，对这些森林里面的东西应该不太关注、不太了解。

师：对这本书描写的内容——大自然，不关心。还有没有其他原因？

生：也许是因为《驯鹿之国》里面的故事不是很离奇，不是很好玩。

生：我认为现在的人都喜欢科幻小说，对这种写得比较真实的东西不感兴趣了。

师：你们所说的就是黑鹤的忧虑（出示幻灯片："因为这个故事并没有什么传奇色彩，我想对它感兴趣的应该是适应安静地阅读，对荒野和生命有着一种天生感悟力的孩子，而那样的孩子并不会太多。"），所以今天这个读书会，各位同学要做好心理准备——我们大部分时候要安静地阅读，大部分时候要听，好不好？

1. 倾听细微的声音

师：好，那我们就开始吧，我们先来读一读书中一些重要的句子。

（出示第一句）

> 她一动不动地站在那里，像是在倾听森林的声音。声音里有什么呢，也许是巢里的小鸟在睡梦中不安的呢喃，或者是秋虫不甘寂寞的嗡鸣。

师：今天不是练习朗读哦，只要自然地把这句话读出来就可以。

（出示第二句）

> 夜深了，偶尔有一两只开始出来捕食的乌林鸮发出凄厉的叫声，震撼着在落叶间寻找橡实的啮齿类动物那脆弱的细小心脏。

师：这里面有个字很难念，这个字念"xiāo"，"乌林鸮"是一种鸟，说实话我也没见过。

（出示第三句）

阿雅听到它在营地周边游走的声音，试探的低沉的呼吸，随之而来的是小狗一样狺狺的低吠。

师：因为这个句子后半句比较长，我读给大家听。也请大家默读一下，这个字念“yín”，狺狺（yínyín）的低吠。

（出示第四句）

她听到密林深处一只躲藏在枝叶间的夜鹰不合时宜地发出像小个的锤子节奏紧凑地敲打铁砧的叮叮声。

（出示第五句）

一个宁静的夜晚，一声悠远深沉的嗥叫从远方丛林的深处扶摇而起，呼啸着扫过积雪的树顶，直上天际。从森林的不同地方传来或长或短，或高亢或低沉的应和。那是森林之歌，寂寞冬日里绝美的合唱。

师：这些句子都散落在这本书里不同的地方。蒋老师把它们挑出来放在一起了，我再把它们读一遍，读完之后，请你们说说自己的发现。

（师读上面这五句话）

师：当我把这些句子放在一起的时候，你们发现了什么？

生：这些句子描写的都是声音。

生：这些句子描写的都是一些很难听到的声音。

师：你的意思是说，这些句子描写的是大自然里一些细微的声音，对吧？哪些声音你们觉得是很细微的，如果不注意听的话，可能真的会被忽略掉？

生：比如第一句话，“小鸟在睡梦中不安的呢喃”，这个常人不仔细去聆听是肯定听不到的。

师：好的。我们有两个发现了哦！第一个是它们写的都是声音，第二个是它们写了很多平时不易觉察到的声音，要仔细听才能听见。还有没有发现？

生：这些声音虽然很小，但是描写得都很细致入微，让人能真实地体会到。

师：是的，描写得很细致入微。我只是抽取了几句而已，在短短的一个短篇小说里，这样的句子却很多。这是黑鹤在倾听，黑鹤被誉为“自然之子”，大自然的孩子，所以他是用鄂伦春人的耳朵去听的，所以他能够听到。而且，你们注意到没有，鄂伦春人不仅能听到这些细微的声音，而且能听到我们听不到的声音。里边有这样一个句子，“芭拉杰依”—— 就是故事里那个老人，对吧？“芭拉杰依可以听到很多别人听不到的声音，她听得到太阳落入地平线的声音。太阳落入地平线之后，在整个夜晚，它都在充当着大地的心跳。”

（出示）

> 芭拉杰依可以听到很多别人听不到的声音，她听得到太阳落入地平线的声音。太阳落入地平线之后，在整个夜晚，它都在充当着大地的心跳。
>
> 芭拉杰依也可以听见风声，鸟兽的语言。
>
> 芭拉杰依是可以听见的。

师：芭拉杰依听到了什么声音？

生：（齐）太阳落入地平线的声音。

师：这个声音她能听到吗？

生：（齐）听到了。

师：她不仅能听到太阳落入地平线的声音，还可以听到其他声音，其他我们听不到的声音，你们觉得这是什么样的声音？

生：她可能会听到当风吹过草地时，草地里的小昆虫喃喃自语的声音。

生：她还可能会听到鸟儿在天空中飞翔的声音。

生：她可能会听到云彩在天空中飘浮的声音。

生：她还可能听到夜晚人们睡着后月亮和星星交谈的声音。

师：是的，鄂伦春人是很崇拜月亮的，文中有大量的句子在描写月亮。

生：她还可能听到雨后彩虹出现的声音。

生：她还会听到白雪飘落的声音。

师：我推荐一篇文章，我很喜欢的，是桂文亚的《你一定会听见的》。她在里面就讲到了只要你认真倾听，你就会听到雪飘落的声音，你可以听到蒲公英梳头的声音，你可以听到花开的声音。这篇文章值得一看。还有吗？

生：我觉得可以听到春天来了，小草钻出地面的声音。

2. 感受“太阳崇拜”

师：我们就这样静静地读下去。我又挑了一些句子，可能你们看第一遍的时候是没有注意到的，我们一起再来读一读。

（出示第一句）

> 整个白天，她们什么也没有做，就坐在那里晒太阳。

师：你知道“她们”是谁吗？

生：应该是驯鹿吧？

师：不是，说明你看得还不够仔细。“她们”，女字旁的“她们”。

生：“她们”是芭拉杰依和阿雅。

师：对呀，其实这个小说里面就出现了两个人物 —— 芭拉杰依和阿雅，一老一少。

（出示第二句）

> 雨后，风都湿透了。当太阳出来的时候，阳光就会将湿透的风拧干。

（出示第三句）

营地里只剩下这顶千疮百孔的帐篷，阳光像透过筛眼的雨线，流落在昏暗的帐篷里，如同夏日河水那温暖的水流，流淌在阿雅的身上。

（出示第四句）

阿雅将头靠在芭拉杰依已经被阳光晒得发烫的后背上，这渗透出古老的森林气息的温暖的身体上。

（出示第五句）

当她回到营地时，那种曾经疲惫的目光已经离她而去，她的眼睛会像清晨的阳光一样明亮。

（出示第六句）

林地间不时闪现出一片沐浴在秋日阳光中的小小的空地，像一块安静的幽谷，数不清的红蜻蜓漫空飞舞，在阳光中抖颤出钻石般的闪亮。

（出示第七句）

那些参天的落叶松笔直地直指蓝天，它们以这种宽容的方式分享着同等的阳光和空间。

师：我们一共读了七句话，蒋老师把它们放在一起，你们发现了什么吗？它们也是散落在这个故事的各个角落、各个地方的。

生：这些句子中都有描写太阳的语句。

生：我觉得一本书里面有这么多描写太阳的句子，说明他们很崇拜太阳。

生： 我觉得鄂伦春人也很热爱太阳，因为他们觉得太阳就是整个大地的中心，有了太阳他们才会更好地生活下去。

师： 鄂伦春人真的是很崇拜太阳的。他们为什么这么崇拜太阳呢？

生： 因为有了太阳才会有一切生物。

生： 因为太阳是温暖的，照在人们身上，给人们一种对未来充满希望的感觉，是一种美好生活的开始。

师： 是啊，黑鹤也有这种感觉。所以，“温暖”这个词在小说里经常出现。

生： 因为太阳会给大地带来光明。

生： 因为太阳是生命的源泉。

师： 他们认为一切都是太阳带来的，而且他们的生活方式很奇特，跟我们不一样。实际上不是很奇特的，而是很自然的。日出而作，日落而息，他们的生活节奏是跟太阳一起的。所以，黑鹤是用鄂伦春人的眼睛在写他看到的。

3. 感悟形象后面的情感

师： 你们看，这样安静地读、安静地听多好。我们再往下读一段话。下面这一段是描写狼的。你们以前肯定读过关于狼的书，看过关于狼的电影，在你们的印象中，狼是怎样的？

生： 非常凶狠。

生： 狼非常残暴。

生： 狼是非常聪明的。

师： 你为什么觉得它聪明呢？

生： 因为我看过《狼图腾·小狼小狼》，里面讲到猎人不管给它设多少陷阱，它都不进去。

生： 我觉得狼也是很注重彼此之间的感情的。

生： 我觉得狼很贪婪。

师： 大部分人一说到狼，就会想到残暴、贪婪。一说到狼的样子，马上就会联想到——

生：凶狼。

生：血盆大口。

生：目露凶光。

师：那么，黑鹤是怎么写狼的？我们再来看下面这段话。挺长的一段话，我读给大家听。

（出示）

一个轮廓在黑暗中慢慢地展现，在黑暗的正中，两颗最明亮生动的翠绿色的宝石一样的荧光执著地闪亮着。随着它慢慢走出灌木丛，月光下终于展现出一个硕大的头颅的轮廓，狼的头颅，比营地里最大的狗的头都要大很多。

它拉直了壮硕的身子，探出了头，从头颅到拖垂到地上的尾尖，勾勒出一条流畅漂亮的曲线，这是一头正值壮年的青灰色的大狼。它探出的鼻头执著地分辨着面前的一切，那是它最可信赖的器官了。

师：你们有什么发现吗？

生：从以往对狼的描写中，感觉狼都是非常狡诈的。这里描写的狼感觉是非常完美的。

师：你从哪儿感觉到它完美？

生：“从头颅到拖垂到地上的尾尖，勾勒出一条流畅漂亮的曲线。”

生：一般人描写狼会说可怕的眼睛、凶残的眼睛、贪婪的眼睛。而黑鹤是这样写狼的眼睛的——“两颗最明亮生动的翠绿色的宝石一样的荧光”。

生：我觉得黑鹤应该很喜欢狼，不然的话，他不会把狼写得这么生动。

师：不同的想法背后有不同的心态、不同的眼光、不同的感情。从这些文字中，我们就可以感觉出写这段文字的人对狼的态度。你们觉得是什么态度？

生：他是从一个非常现实的角度去写狼的。这说明黑鹤非常喜欢大自然，他从来不会去想狼是多么凶残。

生：我觉得黑鹤之所以被称为“自然之子”，就是因为他不会把大自然的所有生物都想得那么可怕，而是用心灵去感受它。

师：不那么可怕。当这头狼出现的时候，谁害怕了？阿雅害怕了，她怕它伤害芭拉杰依，对不对？后面半段话，我们一起来看一下。你们自己默读一下。

（出示）

> 青灰色的狼直立而起，几乎与芭拉杰依同高，它将两只前爪搭在芭拉杰依的胸前，黑色的尖吻探向芭拉杰依的喉咙。
>
> …………
>
> 什么也没有发生，狼温顺地舔舐着芭拉杰依的脸，像一条在向主人撒娇的狗。芭拉杰依也揉搓着大狼松软丰厚的脖子，抚摸着它的那一定已经被夜露打湿的皮毛。
>
> 狼放下两只前爪，在芭拉杰依的身边打转，她弯下腰，轻轻拍打着它，随后从袍襟里取什么喂进狼的嘴里。

（生默读）

师：从这段话里面，我们可以看出鄂伦春人对动物的态度、鄂伦春人的生活方式——

生：他们认为，狼的本性其实并不凶残，它也有温顺的一面。

生：我觉得鄂伦春人对大自然充满了好奇，也充满了喜爱。他们觉得所有动物都是大自然赐给他们的，应该和它们和平共处。

生：在鄂伦春人看来，人和动物是平等的，人是大自然的一部分，动物也是大自然的一部分。

生：我觉得他们对狼很友好，对世界万物都很友好。要是一般人见到狼的话，会把它们给杀了。

师：你们这个话又引出了蒋老师一个新的问题。你们都觉得鄂伦春人对动物非常友好，对吧？是平等的。那么他们捕杀狼吗？

（生示意不捕杀）

师：他们要活下去也是要捕杀猎物的。你们刚才不是说要和动物友好相处吗？那么，他们为什么还要捕杀呢？

生：我觉得这应该是自然万物的循环。这就是食物链。

生：我觉得弱肉强食就是大自然的生存法则。

师：也就是说，他们捕杀猎物也是为了自己生存下来，就像狼吃羊、羊吃草一样。那么他们会像我们一样去捕杀猎物吗？有什么不同之处呢？

生：我们捕杀猎物可能会捕杀一大堆，而他们每天可能就捕杀一只猎物。

生：他们把这些猎物杀死之后，应该会对这些猎物表达感谢。

师：蒋老师给大家读一段话，这段话很特别，其实可以解决大家心中的疑惑。这段话不能用简单的食物链来解释，意义蛮深的。请大家把书翻到第115页。本书中的故事用了两种不同的字体，其中一种是仿宋体，仿宋体实际上是芭拉杰依内心的想法。

> 我的森林的孩子，你生不为受罪，我生不为挨饿，原谅我们吧。羊食草，狼食羊，狼化尘土，滋养青草，万物生生轮回，生生不息啊。

4. 思考对待自然的态度

师：你们看，我们在聊的过程中慢慢了解了鄂伦春人与大自然之间的关系、鄂伦春人对大自然的态度。然而，这个故事的背景是很残酷的。鄂伦春人面临一次选择，我觉得这个选择太残忍了，因为他们都没有中间的途径可以考虑。他们要么选择生活在山上，要么选择生活在山下。是不是一次很痛苦的选择？实际上，不光是鄂伦春人，很多人，在近一两百年的时间里，都面临过这样的选择。例如印第安人，在19世纪40年代，美国白人就向当时的印第安首领购买大片土地。印第安人要么选择在有限的保留地里生存，像原来一样生活；要么跟白人到城市里生活，一起开发那些土地。只有这两种选择，有一部分人，特别是老人，选择生活在山上，与现代社会永远隔绝。你们理解他们那种选择吗？

生：他们毕竟在山上生活了这么多年，对山上的任何东西都有自己的看法，如果他们下山去住，就没有人去陪伴山上的东西了。

生：我觉得他们都是热爱大自然的，城市里的一切可能伴随着一些不好的东西，他们觉得大自然是最美的。

生：他们怕人们破坏美丽的大自然。

生：老人们毕竟在大自然中生活了许多年了，他们的心已经与大自然紧紧地联系在一起，他们是大自然的一分子，不能与大自然分开。

师：但是只有一部分人留在了山上，大部分人选择到山下去、到城里去生活，特别是年轻人，我估计有 80% 的人是到山下去的，你们理解他们吗？

生：我觉得他们不想再过这样的生活了，每天都起早贪黑。他们到山下去，可能会过上舒适一点儿的生活。

生：我觉得他们对山下的城市充满了新奇感，他们向往着到那里开始新的生活。

生：我觉得鄂伦春族的年轻人想去创业，因为他们在山上根本没有什么可发展的前途。

生：因为他们认为到了山下，到了冬天就可以穿得很温暖，到了夏天就可以变得很凉快。这样的话，他们的生活就会很好。

生：年轻人可能以为大自然很危险，在其中可能有被野兽吃掉的危险，城市里面就没有这种危险。

生：年轻人都想去城市创业，他们不想留在山上，因为留在山上可能就会没有什么发展。

师：蒋老师其实希望你们真正讨论的是下一个问题：你们觉得到山下去生活、到城市去生活的那些印第安人或者鄂伦春人，会一下子适应这个世界吗？

生：（齐）不会。

师：他们会看到什么，听到什么？这些会引起他们焦虑、反感，甚至痛苦吗？我希望你们举一些细节，因为当你真正了解他们的生活态度的时候，你就会设身处地地为他们想。讨论一下。

（生自由讨论）

师：我们只是假设一下：他们选择了一种新的生活方式后会遇到一些什

么问题？

生：在城市有人肆意屠杀动物，制造貂皮大衣、虎皮大衣，然后吃很多动物。

师：你觉得选择到城市生活的鄂伦春人会穿貂皮大衣、虎皮大衣吗？

生：不会。

师：为什么这么肯定？

生：因为他们与动物已经有了很深的感情。

生：他们可能会觉得汽车排放的尾气、工厂排放的烟雾对环境很不好，对此很反感。

师：对这些很反感，那当然就会想念——他们会想念什么呢？

生：他们可能会想念森林里新鲜的空气。

生：他们看到那么高的楼可能会马上逃跑，害怕楼房会塌下来。

生：他们肯定会觉得很奇怪：为什么这里的树林这么少？

生：他们如果到动物园去的话，也许会觉得很反感。因为他们以前在森林里生活的时候都是和动物在一起的、很亲近的。他们可能会觉得很奇怪：动物为什么会被关在笼子里面？他们会很伤心。

师：他们可能有这样的想法，跟我们不太一样。

生：也许这些鄂伦春人在城市里听到小汽车的鸣笛声，晚上睡觉都睡不安宁。

师：他们会想些什么呢？

生：希望有一些虫鸣和鸟叫的声音。

师：我想起了何勇。他是一个摇滚歌手，他有一首歌很好玩，里面唱道："小鸟儿一叫我们就起床，树上的水果是最好的干粮，骑着那大象四处去游荡。"这首歌名字叫"非洲梦"，非常有意思。

生：森林里面都是非常优美的曲线，城市的高楼都是笔直笔直的。鄂伦春人应该会想念自然的。

师：大自然里线条很丰富，声音很丰富，色彩很丰富，生活也很丰富。时间差不多了，还有要说的吗？

生：印第安人、鄂伦春人在城市里可能会受到很多限制，他们在森林里面很自由。

师：约束太多，会怀念自由。

生：在山里面住的人都认识，在城市里面，住在上下楼的人都不认识。

生：我觉得他们可能会想家，想念那种太阳落入地平线的声音。

师：想念花开的声音，想念风抚摸草地的声音，想念在骏马上和风擦肩而过的声音。

师：看来，在大自然里生活过的人，对待大自然的态度确实是不一样的。我看时间差不多了，咱们就聊到这里好不好？

下课。

八、儿童阅读与哲学
——《孔子的故事》聊书记录

1. 这个故事属于“戏说”吗

师：各位同学，前段时间跟你们一起读了一本书，这本书叫作“孔子的故事”。今天就聊一聊这本书，围绕这本书来聊。蒋老师想问大家一个问题，《孔子的故事》写了两千五百多年前的人和事，是一个人物小传记，你们觉得真实吗？对历史人物故事，我现在已经不太相信了。现在，电视里到处都是宫廷剧，都是“戏说”。

生：真实。

师：如果用百分比表示的话，你们觉得《孔子的故事》的真实度是多少？

生：95%。

生：99%。

生：我觉得是 91%。

生：我认为是 80%。

师：不管是 99%，还是 80%，我们大体上都认为《孔子的故事》里面记录的人和事是真实的。书里面哪些细节让你们觉得故事是比较真实的？

生： 我在看书的时候发现几乎每一页下面都有脚注。我觉得，作者在写这本书的时候是言必有据的。他尽量把了解到的知识都汇总到这本书上，所以，我觉得这应该是真实的。

师： 说得非常清楚了。这个作者叫李长之，整本书只有七万多字，而他引用的话有多少条呢？

生： 脚注有 240 条。

师： 所以，我们的讨论就有基础了。这个作者很严谨，想还原孔子的人生，想让我们知道当时他是怎么生活的、当时的人是怎样评价他的。所以，读完整本书后，蒋老师让你们填写了阅读单。李思诺在他的阅读单里写了这样一段话，请来念一下。

李思诺： 一开始，孔子在我眼里，是一个伟大的人物，他的人生没有不顺心的事。

师： 看书之前他已经有了自己的想法，看了书之后他有什么想法呢？

李思诺： 可是读了书以后，我发现孔子的童年是那么凄惨，因为我们现在想要什么父母都可以给。尽管孔子是个伟大的人，但他的童年却没有我们过得幸福。

师： 读了这本书之后他打破了原来的想法。孔子早年失去了父母。你读这本书时有没有这样的感受 —— 原来认为是怎么样，读了之后发现竟然是那样？有没有？

生： 我原来认为孔子在中年的时候会被当时任何一个国家欣赏、接纳；读了这本书之后，我才知道原来中年的孔子，一直在各国之间奔波，没有稳定下来。

师： 他并不是一帆风顺的，从政道路很坎坷。

生： 本来我认为孔子是一位圣贤，他的品德应该都是好的，但是看了这本书之后，我发现他有的时候也很自私。

师： 也就是说，很多时候我们不能太早下定论。还有一位同学，我觉得他写得也挺有意思，张菲玥同学读一下。

张菲玥： 孔子是一个谦虚、富有热情与智慧的特级教师。

师： 你在“特级教师”前面还用了三个词 —— 谦虚、热情、智慧。

张菲玥：第一个是“谦虚”。我从书中看到，当时人们认为一个有才能的人应该掌握六种技能。可当旁人夸奖孔子优秀的时候，孔子就只承认了自己会赶车，而赶车在这六项技能中是最为低下的。

师：孙嘉宜同学，读读你写的话。

孙嘉宜：我知道了孔子对一切事物都持有一种仁爱之心，他还是一位多愁善感、有时会感情用事的人。

师：何东是这样评价孔子的 —— 大家一起读。

生：孔子热爱政治，但不热衷于荣华富贵，孔子的思想是非常先进的。

2. 孔子有缺点吗

师：通过这本书我们慢慢了解孔子了。但我们对他的认识都是正面的，孔子是一位伟人，是一位圣贤。蒋老师等会儿请大家默读。我想问，看完《孔子的故事》后，孔子有没有让你们不满意的地方？如果有，就在相应的地方折页，以便待会儿交流。不要讨论，自己跳读。

（生读书）

师：有不满意的地方吗？说来听听。

生：我认为孔子是个有点儿自以为是的人。他到各国想要实现自己的政治计划，可是都失败了。但他并不认为自己的想法可能是有问题的，他总是把自己的这些失败归因于自己的命不好。我觉得他应该反思一下自己的想法有没有问题。

师：还有没有不同的地方？

生：我从书的第 32 页上看到，孔子对齐景公说，做一个人最重要的是“正名”。我觉得这个“正名”不对。这个“正名”就是君主要像君主，臣子要像臣子。由于当时是封建社会，这样的话对社会进步毫无意义。

生：我对孔子说的一句话感到有些不满，这句话在书的第 23 页。孔子说：“只要谁拿十条干肉来做入学礼，我没有不教他的。”我觉得孔子拒绝了很多穷孩子读书。

师：这句话有很多种翻译，有的理解为到 15 岁就可以入学了。

生：我从整本书中了解到，孔子教他的弟子时比较注重仁义，也非常注重礼节，但没有告诉别人具体该怎么做。我觉得这是他的不足。

生：我从第 21 章中发现，孔子周游列国，结果他的想法没有一个国家接纳，他就有一点儿情绪化。我觉得他应该思考一下自己的想法到底会不会给这个社会带来好处。

师：刚才你说孔子有点儿情绪化，就像另一位同学说的有点儿感情用事。

师：大家都有自己的看法，我已经有所预料了。第一，因为我提出的问题有点儿暗示性。第二，我相信大家会提出来的。李长之在写这个故事的时候，他也流露出了自己的态度，在很多地方都把自己的不满写出来了。你们第一次看这样的书或多或少会受他的影响。比如说书中有这样一个故事情节，请一位同学读一下。

生：公山不狃请孔子出山辅佐他，去还是不去，孔子心里很矛盾，下不了决心。孔子这时就解嘲似的说："我五十了，事情成不成是命啊。"孔子到无可奈何的时候，就常提起命。

3. "天命"是什么意思

师：是的，这是李长之在书中写到的。还有这样一个细节，当初孔子要到晋国去，听到赵简子杀了人后就不想去了，孔子当时正想过黄河，就对黄河说："浩浩荡荡的流水是很美的，可是我不想过去了。这也是命吧。"他总是提起命，《论语》中经常出现"命"字。

生：子曰："吾十有五而志于学，三十而立，四十而不惑，五十而知天命，六十而耳顺，七十而从心所欲，不逾矩。"

师：所以，作者李长之认为这是一种迷信，不同意这样的看法。你们同意不同意这样的看法？

生：不同意。

师：为什么？

生：命本来就是一种迷信说法。

生：因为我觉得自己的命运应该由自己去创造，而不应该迷信地去相信命。

师：大家觉得相信命运不好，如果相信命运，人就会不太努力，就会消极，那么孔子应该是一个比较消极的人、不太努力的人，因为反正是由命说了算。但你们看《孔子的故事》，在“努力”这一点上孔子做得怎么样？

生：《孔子的故事》里说孔子是非常非常努力、非常非常刻苦的，否则他就不可能成为一个伟大的思想家和哲学家。

生：他还编写了一本《春秋》，如果学习不刻苦的话，是写不出来的。

生：他的弟子很多，如果不努力的话，他是没有能力教那么多弟子的。

生：孔子从小就很努力，这使他很年轻的时候就成了名，就有很多人知道他了。

师：那矛盾就来了。你们刚才说了，一个人如果相信命运，老是提到命，他就会消极，就会不太努力，因为再努力也没有用。但我们发现，孔子一生一直在奋发努力。请问怎么解释？四人小组讨论。

（生讨论）

生：我认为孔子在失败的时候提到命是在为自己找理由。他失败了，他认为这不是他自己的错，他把这些错误都归结到命上去了。

师：他到底信不信命呢？

生：我觉得孔子是不信命的，孔子有时提到命是他失败时的自我安慰。

生：孔子做一件事情做得很成功时，从来不提命。我觉得，在成功的时候他是不会相信命的，只有当自己是迫不得已的时候他才会相信命。

师：你的意思是说孔子失败、不顺的时候信命，一帆风顺的时候不信命。

生：我觉得孔子是信命的，所以想通过自己的努力来更改命运。

师：信命运了，命运是上天注定的，后天努力是更改不了的。

师：各位同学，李长之这里的“五十而知天命”的“天命”是指命运，有没有别的可能？我查了很多专家对《论语》的看法，对“天命”真的有不同的解释——有的解释成命运，有的解释成其他的。你们再讨论一下，你们觉得这里的“天命”，“五十而知天命”的“天命”，有可能还会是什么解释？

（生讨论）

师：先请这一组发言。你们觉得这个“天命”是指什么？

生：我们讨论后有两个结果：一个应该是人生的价值，还有一个应该是人生的真谛、思想。

生：我们小组讨论出来的结果是“天命”指的是努力的方向。

师：一个君子要知道自己努力的方向。

生：我们小组觉得“天命”应该是五十岁的别称。

生：我们小组讨论出来的结果是，像现在的社会一样，有一些老人会悟懂人生当中的一些道理。我们觉得，五十岁时应该能悟出很多人生的道理、真理。

师：我们来看一看一些专家对“天命”的解释。主要有三种：一种是天的命令、天运；一种是责任、使命；一种是天理、公理、规律，就是人生的道理。如果这样理解的话，第一种可能是五十岁的时候开始相信命运，第二种是五十岁的时候知道了自己的责任和使命，第三种是知道了凡事都有它的天理、规律。这三种解释你们喜欢哪一种？

生：我最不喜欢第一种解释。命运是虚无缥缈的，如果相信命运，就显得人生态度不够积极。

生：我不太喜欢第二种解释。如果到了五十岁才知道责任和使命，就显得晚了，也许他没有办法去实现这种责任和使命了，所以我认为第三种应该是比较正确的。

生：我喜欢解释三，因为这句话更像是一个大哲人说出来的。

生：我们可以结合生活实际来考虑。一般人五十岁的时候应该有些经验，对整个生活有些了解了，所以我认为他应该已经知道了凡事都有它的规律和天理。

4. 今天我们怎么读《论语》

师：各位同学请看屏幕，很多同学都倾向于第二种、第三种解释，是不是第一种解释肯定就错了呢？李长之的理解肯定就错了吗？不一定。第三种肯定对吗？也不一定。因为它们只是三种观点而已，任何一种观点都有它合理的地方，也有它的缺陷。那问题就来了。《论语》里的有些句子到底是什么意思，很难有所谓的正确答案。也就是说，我们的理解有可能和孔子当初要讲的意思完全不一样。那我们该怎么读《论语》呢？

生：我认为，我们看《论语》的时候，可以换一个角度去体会他写的这句话到底是什么意思。

师：没听明白。

生：《论语》是孔子和他弟子的对话，可以看一下他弟子说的话然后去理解，这样就可以了解孔子那时候的思想了。

生：我觉得没有特别大的必要非得争论这个东西是对的还是错的，而应该想哪个是对你有帮助的，你就向着哪个方向去理解。

生：我认为可以先按照自己的想法理解，再上网搜集一些专家的想法，把它们综合起来，取长补短，再选择一种对自己有帮助的想法。

生：我认为如果我们都能理解孔子说的话，那我们每个人就都能成为像孔子那样伟大的思想家了，所以读《论语》的时候最主要的方法是猜测。要把你的猜测告诉比你强的人，和他们讨论。

师：对与不对不是关键，不要执着于某一点，这听起来也是哲学了。

生：我觉得，要汲取自己能够汲取的想法来取长补短。

生：因为一千个人心中有一千个哈姆雷特，每个人的思想都是不一样的，所以按照自己的思想去理解孔子就行了。

师：各位同学，《论语》很难读。你们刚才说得真好，蒋老师只有一条建议，我的建议是不要死记硬背。

下课。

附1：推荐给孩子看的书

一、不应错过的10本经典童话

1.［丹］安徒生《夜莺》

2.［意］卡尔维诺《意大利童话》

3.［英］王尔德《自私的巨人》

4.［英］刘易斯·卡罗尔《爱丽丝漫游奇境》

5.［英］格雷厄姆《柳林风声》

6.［法］圣埃克絮佩里《小王子》

7.［美］怀特《夏洛的网》

8.［美］乔治·塞尔登《时代广场的蟋蟀》

9.［中］张天翼《宝葫芦的秘密》

10.［中］郑渊洁《皮皮鲁传》

二、不应错过的10本奇幻故事

1.［德］米切尔·恩德《毛毛——时间窃贼和一个小女孩的不可思议的故事》

2.［英］罗尔德·达尔《女巫》

3.［英］J.K. 罗琳《哈利·波特》

4.［英］C.S. 刘易斯《纳尼亚传奇》

5.［英］内斯比特《五个孩子和一个怪物》

6.［德］凯斯特纳《5 月 35 日》

7.［德］莫尔斯《蓝熊船长的 13 条半命》

8.［中］吴承恩《西游记》

9.［中］陈丹燕《我的妈妈是精灵》
10.［中］彭懿《小荷花妖》

三、不应错过的10本冒险小说

1.［美］盖瑞·伯森《手斧男孩》
2.［美］奥台尔《蓝色的海豚岛》
3.［美］马克·吐温《汤姆·索亚历险记》
4.［英］笛福《鲁滨孙漂流记》
5.［法］儒勒·凡尔纳《格兰特船长的儿女》
6.［英］斯蒂文森《金银岛》
7.［法］丰拜勒《橡树上的逃亡》
8.［英］斯威夫特《格列佛游记》
9.［美］柯尼斯伯格《天使雕像》
10.［中］李志伟《糊涂大侦探》

四、不应错过的10本成长小说

1.［法］戈西尼《小淘气尼古拉的故事》
2.［英］内斯比特《铁路边的孩子们》
3.［美］贝芙莉·克莱瑞《亲爱的汉修先生》
4.［法］让-克劳德·穆莱瓦《罗伯特的三次报复行动》
5.［美］布思·塔金顿《男孩彭罗德的烦恼》
6.［美］埃莉诺·埃斯特斯《一百条裙子》
7.［日］黑柳彻子《窗边的小豆豆》
8.［中］曹文轩《草房子》
9.［中］黄蓓佳《我要做好孩子》
10.［中］张乐平《三毛流浪记》

五、不应错过的10本动物书

1.［加］西顿《泉源狐》

2.［日］椋鸠十《大造爷爷和雁》

3.［苏］比安基《戴脚环的大雁》

4.［法］黎达·迪尔迪科娃《跳树能手》

5.［法］法布尔《昆虫记》

6.［奥］费利克斯·萨尔登《小鹿班比》

7.［美］埃里克·奈特《灵犬莱西》

8.［英］安娜·塞维尔《黑骏马》

9.［中］沈石溪《狼王梦》

10.［中］姜戎《狼图腾·小狼小狼》

附2：推荐给老师、家长看的书

1.《全语言的全 全在哪里》，肯·古德曼著，李连珠译，南京师范大学出版社。

2.《阅读的力量》，斯蒂芬·克拉生著，李玉梅译，新疆青少年出版社。

3.《预防阅读困难：早期阅读教育策略》，凯瑟琳·斯诺、苏珊·布恩斯、佩格·格里芬主编，胡美华、潘浩、张凤译，南京师范大学出版社。

4.《班级读书会 ABC》，岳乃红著，北京师范大学出版社。

5.《上读书课啦：班级读书会案例精选》，周益民主编，北京师范大学出版社。

6.《晨读 10 分钟》，南美英著，尚馨、孙鹤云译，中信出版社。

7.《幸福的种子：亲子共读图画书》，松居直著，刘涤昭译，明天出版社。

8.《儿童文学的乐趣》，佩里·诺德曼、梅维丝·雷默著，陈中美译，少年儿童出版社。

9.《理解儿童文学》，彼得·亨特主编，郭建玲、周惠玲、代冬梅译，少年儿童出版社。

10.《朗读手册：大声为孩子读书吧》，吉姆·崔利斯著，沙永玲、麦奇美、麦倩宜译，天津教育出版社。

11.《打造儿童阅读环境》，艾登·钱伯斯著，许慧贞、蔡宜容译，南海出版公司。

12.《如何阅读一本书》，莫提默·J. 艾德勒、查尔斯·范多伦著，郝明义、朱衣译，商务印书馆。

13.《给孩子100本最棒的书》，安妮塔·西尔维著，王林译，湖南少年儿童出版社。

14.《相信童话》，梅子涵著，少年儿童出版社。

15.《帮助孩子爱上阅读：儿童阅读推广手册》，阿甲著，少年儿童出版社。

16.《中国父母最该知道的儿童阅读100个关键问题》，阿甲、徐凡、唐洪著，北京出版社。

17.《图画书：阅读与经典》，彭懿著，二十一世纪出版社。